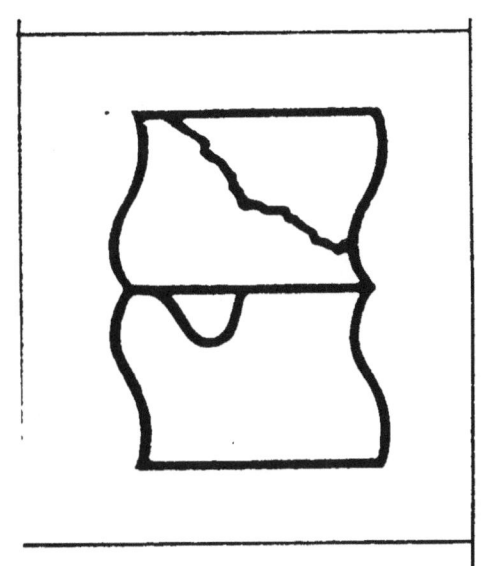

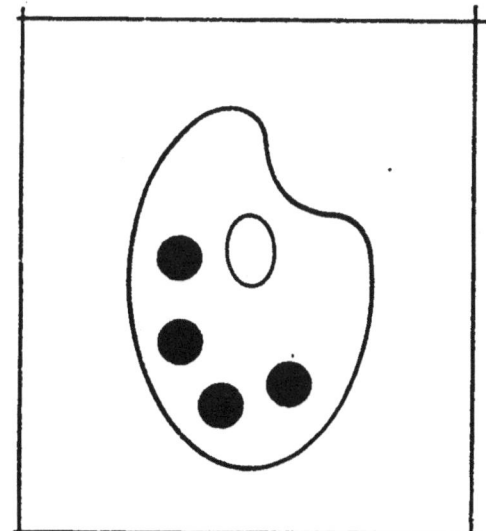

J. BARBEY D'AUREVILLY

LE
THÉATRE
CONTEMPORAIN

II

PARIS
MAISON QUANTIN
COMPAGNIE GÉNÉRALE D'IMPRESSION ET D'ÉDITION
7, rue Saint-Benoît, 7

1888

Tous droits réservés

LE
THÉATRE
CONTEMPORAIN

—

Tome II.

DU MÊME AUTEUR

LES ŒUVRES ET LES HOMMES :

1ʳᵉ Série.

Les Critiques ou les Juges jugés, 1 vol. in-8°.	7 fr. 50
Sensations d'art, 1 vol. in-8°.	7 fr. 50
Sensations d'histoire, 1 vol. in-8°.	7 fr. 50

2ᵐᵉ Série.

Les Philosophes et les Écrivains religieux, 1 vol. in-8°.	7 fr. 50
Les Historiens, 1 vol. in-8°.	7 fr. 50

Le Théâtre contemporain, 1ᵉʳ vol. in-16. . . . 3 fr. 50

Paris. — Maison Quantin, 7, rue Saint-Benoît.

J. BARBEY D'AUREVILLY

LE THÉATRE CONTEMPORAIN

Tome II.

PARIS
MAISON QUANTIN
COMPAGNIE GÉNÉRALE D'IMPRESSION ET D'ÉDITION
7, rue Saint-Benoît, 7

1888

Tous droits réservés

A MONSIEUR HENRY LECOMTE

Monsieur,

Je n'ai pas l'honneur de personnellement vous connaître, mais je vous connais à travers la personnalité dramatique du plus grand acteur de notre âge. Grâce à vous, grâce au journal le Témoin *que vous avez créé pour lui, grâce enfin à votre livre*[1], *Frédérick n'aura pas manqué de ce qui manque à tant de grands acteurs dont le monde a gardé la mémoire. Voilà pourquoi je vous dédie ce second volume de mon* Théâtre contemporain, *dans lequel, comme dans le précédent, comme dans ceux qui suivront, si le grand nom de Frédérick revient, il reviendra tel que vous l'avez discerné, dans les mérites profonds ou subtils d'un talent que personne n'a jusqu'ici creusé comme vous.*

J. B. d'A.

---

[1]. Un Comédien au XIXᵉ siècle : Frédérick-Lemaitre. Étude biographique et critique d'après des documents inédits.

LA POISSARDE

22 avril 1868.

I

L'hydrophobie continue... Cette rage de Reprises dont sont attaqués tous les Directeurs de théâtre, qui ne sont plus que des répétiteurs, s'exalte même au lieu de diminuer, et prend chaque jour des proportions telles que, encore quelque temps de cette folie de l'impuissance aux abois ou de cette facile bêtise de la spéculation, et le théâtre ne sera plus. Il aura crevé — et sa manière de mourir ne méritera pas d'autre nom ! — sous le crétinisme des Directeurs. Noble destinée ! Celui qui passait pour le plus intelligent d'entre eux, et qui réellement l'était, — jugez ! — vient de succomber sous les fautes qui sont les fautes de tous ; car ils ont l'imitation épileptique les uns des autres. Si

M. Marc Fournier, que la presse, pour l'heure, est occupée à embaumer; si M. Marc Fournier, le grand chauffeur de cette marmite autoclave, « les féeries », n'a pas eu le temps de culbuter, lui aussi, dans le trou noir aux Reprises, c'est qu'il était déjà mûr pour la ruine, c'est qu'il a péri tout à coup, du soir au matin, sous le coup de gueule d'un immonde créancier de cinq cents francs, qui l'a étranglé net. Mais s'il avait vécu encore un peu, il y serait fatalement tombé... C'est, en effet, une fatalité, que de tomber, pour se rattraper de ces pièces à spectacles qui ruinent, dans l'économie des Reprises, dans l'exploitation à bon marché des vieux succès. Et nous ne cesserons de le répéter: il n'y a pas que l'ahurissement des affaires menaçantes qui pousse aux Reprises, cette dernière ressource! il y a aussi l'absence d'idées, l'incapacité, la vacuité, la brutalité, que sais-je, moi? Mais quoi qu'il en soit et quoi qu'il en puisse être, c'est toujours les Directeurs qu'il faut accuser, les Directeurs, ces gouvernements, qui, comme tous les gouvernements, périssent ayant les mains pleines de ce qui pourrait les sauver. Tout vient d'eux, allez! Soyez impitoyable! Si dans un pays comme celui-ci, que nous vous donnions pour le pays le plus essentiellement dramatique de la terre par le tour d'esprit, la soif d'action et la curiosité, la question théâtrale périclite, pour ma part, je sais un dilemme auquel je les défie bien de répondre, MM. les Directeurs! Ou, dans cet instant de Reprises, il n'y a plus de pièces de théâtre, — la production s'est arrêtée, — ou il se trouve qu'il y en a encore. Eh bien, s'il y en a, la faute, c'est de ne pas les jouer! Et s'il n'y en a plus, la faute, c'est d'avoir dégoûté ceux qui en auraient fait d'en faire!

Dans les deux cas, c'est toujours eux!

Malheureusement, excepté nous, qu'on n'étouffera pas tranquillement dans l'ennui où tous les autres se laissent étouffer, les critiques du théâtre veulent bien vivre avec les Directions, et nul d'entre eux, que nous sachions, n'a protesté contre cette reculade des Reprises, qui conduit à l'abîme par le dos. Ils l'ont regardée comme ils regardent tout, avec leur indifférence ordinaire, — l'indifférence de *rentiers* à qui on ne *retranche* pas *un quartier!* Les critiques du Lundi, ces Immobiles que nous avons essayé vainement de remuer sur la question de savoir si la Critique serait franche de tout service de théâtre et ne craindrait pas de sacrifier le prix d'une place à la pureté de son indépendance; les critiques du Lundi, ces routiniers de la stalle curule, qui tiennent tout à la fois de l'angora et de la torpille, ne se soucient — si même ils s'en soucient! — que de faire leur ronron de semaine. La Critique théâtrale, pour eux, c'est de *raconter* les pièces qu'on joue. Pas un iota de plus. Si elles sont différentes, tant mieux! Si elles sont semblables, tant pis! Ils les racontent. Ce serait la même pièce deux fois, trois fois, dix fois reprise, qu'ils la raconteraient deux fois, trois fois, dix fois sans se plaindre... de la pénitence. Ils recommenceraient leur pensum autant de fois que les Directeurs de théâtre voudraient bien le leur infliger. Ils ont bien, l'autre jour, quelques-uns d'entre eux, — et ce n'était pas les plus bêtes! — quand l'Odéon a repris le *Roi Lear* de M. Jules Lacroix, raconté tout au long, comme une nouveauté, le *Roi Lear* de Shakespeare, scène par scène, décor par décor, — et non pas pour montrer les incroyables solutions de continuité, les horribles trouées que, sans être un boulet de canon, M. Lacroix a pratiquées dans le monument de Shakespeare et comparer le travail du manœuvre au chef-d'œuvre, ce qui, du moins, aurait eu un sens et eût nécessité une conclusion, — mais ils l'ont raconté pour le raconter. Ils ont raconté le *Roi Lear*, que tout le monde sait par cœur, du vieux Shakespeare, comme ils eussent raconté le *Cinna* du vieux Corneille, comme ils ont raconté la *Cendrillon* de Perrault le jour qu'on a joué *Cendrillon*, comme ils raconteront peut-être Lundi ce mélodrame de la *Poissarde*, — beaucoup moins connu, il est vrai, que le *Lear* de Shakespeare, le *Cinna* de Corneille et la *Cendrillon* de Perrault! Très certainement, quelques-uns d'entre eux ont déjà raconté cette pièce d'une autre époque, qui est la Reprise de la semaine, mais ils la raconteront encore, sans s'apercevoir que c'est une Reprise. Le public, lui, qui est lassé de tous ces plats froidis et réchauffés qu'on lui sert, avertit comme il peut et se plaint comme il peut. Ce soir, à cette reprise de la *Poissarde*, j'ai constaté au balcon, dans les loges, partout, un nombre considérable de places vides. Et cependant, c'était Mme Marie Laurent qui jouait! Mme Marie-Laurent, la reine populaire du drame populaire, et qui serait populaire encore, tant elle a de puissance! dans un drame, qui ne le serait pas.

II

Elle seule, d'ailleurs, est tout dans ce drame de la *Poissarde*. Acteurs et drame, à elle seule, elle est tout. Le drame, nous n'en dirons qu'un mot. Nous ne raconterons pas cette vieillerie. C'est le drame Dennery et Bouchardy éternel, — toujours le même, — et qui règne sur la Scène française de moitié avec la comédie Scribe : ces deux pôles arctique et antarctique de notre misérable art théâtral ! Tel qu'il est pourtant : déclamatoire, niais, ridicule, prudhommesque, flatteur du peuple, Gracchus-Jocrisse, ce drame a plus de *droit pour régner* sur la Scène française que l'affreuse petite comédie de Scribe, cette Scribouillette; car ce drame n'exclut pas le cœur. Il frappe sur le cœur. Il y frappe comme sur une enclume. Il y frappe gauchement, maladroitement, pesamment, mais enfin il y frappe, et surtout il veut y frapper ! Il s'adresse aux entrailles humaines, à ces entrailles par lesquelles l'homme du peuple se rattache aux plus grands artistes, par lesquelles ils se comprennent tous les deux, — tandis que Scribouillette ne s'adresse qu'aux bourgeois, qui n'ont que des intestins et peu de cervelle, et qui trouvent que les grasseyements du Marivaux en habit noir, leur coqueluche, et les situations en échiquier dans lesquelles se meuvent ses personnages de bois blanc qui parlent comme des tabatières suisses jouent des airs, c'est toute la vie et toute la nature dans leur intensité et leur énergie ! Au point de vue de l'art élevé, la *Poissarde*, cette grossière photographie, n'existe pas. Fouillis de faits impossibles, incompréhensibles et vulgaires, — car l'incompréhensibilité est devenue vulgaire dans le théâtre comme ces derniers temps nous l'ont fait, hélas ! — ce drame de la *Poissarde*, où tout serait tiré par les cheveux, s'il avait des cheveux, et où il n'y a que la peau du crâne, — y a-t-il même cette peau ? — ce drame n'est, en somme, que l'archet d'un racleur, vigoureusement appuyé sur cette chanterelle que nous avons tous tendue au beau milieu du cœur et qui s'appelle l'amour maternel.

La *Poissarde*, c'est la mère tombée dans la femme du peuple, individualisée dans cette espèce de femme du peuple qu'on nomme « la femme de la Halle », et dont les noblesses humaines, primitives, éternelles, n'en paraissent que mieux à travers les abjections sociales du milieu, des manières, du langage, — comme le diamant enchâssé dans du plomb y brillerait plus que dans de l'or ! J'ai vu une fois — je crois que c'était elle, cette Marie Laurent dont à présent, à partir de ce soir, je me souviendrai davantage ! — une épaule superbe, qui, dans je ne sais plus quelle pièce, sortait brusquement de la chemise déchirée d'une mendiante, faite avec de la toile à torchon. Je n'ai jamais oublié la beauté poignante de cette épaule émergeant de ce haillon troué. Dans la *Poissarde* d'aujourd'hui, qui finit aussi par du malheur et de la misère, le repoussoir et le contraste ne vont pas jusqu'au haillon, jusqu'au dernier degré de la condition sociale avilie. La *Poissarde*, cette mère sublime, ruinée, désespérée, près de se tuer, ne descend pourtant pas la dernière marche qui arrive à la boue. Elle reste, dans sa misère, propre de cette propreté qui est une vertu. Elle a gardé à ses pauvres doigts la bague de mariage dont elle n'a pas fait du pain encore. L'épaule aussi, la divine épaule, reste cachée sous le *juste* rouge, bruni, terni, raccommodé, passé, mais fermé et modeste. On y perd ce dernier degré, ce dernier contraste, cette dernière poésie de la misère absolue, dans son horrible et magnifique dénûment. On y perd l'épaule qui crève la chemise et qui paraît plus belle, le sanglot suprême qui crève la poitrine à jamais. La femme, l'angoisse, la mère s'arrêtent là, — mais qu'il est bien plus difficile de jouer dans cette limite et de nous paraître aussi belle et aussi touchante, avec cette dignité conservée en une peine immense, que dans tous les terribles dévergondages du désespoir !

Et c'est ce qu'il faut dire d'abord de Mme Laurent et de son jeu en ce rôle de mère malheureuse et de femme du peuple, parce que c'est là, certainement, la caractéristique la plus frappante de ce jeu, et celle qui vous restera dans la pensée comme la flèche du souvenir qu'on n'arrachera plus ! Mme Marie Laurent joue l'amour et le désespoir maternels avec un pathétique à elle, le pathétique de l'âme, et non plus cet autre éloquent, plus éloquent peut-être, mais moins noble et moins pur, le pathétique des nerfs. Marie Dorval savait jouer aussi les mères et leurs angoisses, mais elle ne les jouait pas comme cette autre Marie du drame moderne, qui n'est pas ici Marie II, mais Marie Ire, Marie égale et différente. Mme Dorval, c'était le sublime de la chair révoltée dans la mère charnelle, dans ce qui reste de chair à la mère. C'était la mère comme elle est au XIXe siècle, la mère nerveuse de ce temps nerveux, et qui faisait vibrer plus fort le clavier des publics qui lui ressemblaient davantage, tandis que Mme Laurent, c'est la mère du sentiment maternel lui-même, qui souffre plus haut que les nerfs. Dans Mme Dorval, il y avait de la Sachette de M. Victor Hugo, il y avait de la panthère maternelle, qui aime et lèche le petit sorti de son ventre. C'est beau de fureur et de force ! Mais dans Mme Laurent, il y a de la mère qui, au plus profond des douleurs, au plus exalté de l'amour, reste une noble créature humaine. Les caresses maternelles de Mme Dorval faisaient trembler... Il y traînait je ne sais quelle flamme des mauvaises sensualités de la vie. Il faut voir Mme Laurent caresser sa fille et même embrasser son mari dans cette pièce où la femme idéalise la poissarde, pour comprendre la supériorité absolue de ce qui est pur, même dans les plus beaux sentiments du cœur ! Mme Laurent, c'est la chasteté dans l'amour, nuance raphaëlesque qu'elle a trouvée sur un théâtre des boulevards, dans une pièce des boulevards, dans un rôle de femme de la Halle et de Parisienne, rôle très observé dans ses détails, très rudement photographié par les auteurs, et dont elle n'a pas voulu ni ne pouvait forcer et agrandir le cadre. La poissarde de la pièce où joue Mme Laurent n'est jamais qu'une Parisienne, avec les défauts et les mérites naturels de la meilleure des Parisiennes.

Le rôle, très moral, humainement parlant, ne monte pas jusqu'à la chrétienne. Or, il n'y a que la femme chrétienne qui peut être plus puissante et plus belle que cette mère du peuple, rendue si adorablement ce soir par la grande artiste de l'Ambigu. Il n'y a qu'à Notre-Dame-des-Victoires, devant l'autel de la Mère qu'elles prient, qu'on pourrait trouver des expressions d'amour plus sublime, des douleurs plus à fond d'âme encore, des larmes qui emportent mieux notre cœur ! Que Mme Marie Laurent, dans l'intérêt même de son art, aille donc souvent étudier parfois les plus splendides modèles de l'amour et de la douleur comme on les rencontre à Notre-Dame-des-Victoires, et puisse-t-elle un jour, elle qui doit avoir l'ambition de les reproduire dans quelque pièce faite pour elle et digne d'elle, nous les exprimer !

III

Et je n'ai pas tout dit encore sur M⁻⁴ Laurent. J'ai marqué son plus beau rayon de talent dans cette pièce de la *Poissarde* où je ne l'avais jamais vue, mais avant que ce rayon sortît de son rôle, et d'elle bien plus que de son rôle encore, la comédienne, la comédienne qui doit faire toujours soubassement à la tragédienne dans les natures grandement organisées pour le drame, s'était produite, en la première partie de son rôle et de la pièce, avec une verve incomparable. Plus heureuse par ce côté que M⁻⁴ Dorval, qui ne savait bien exprimer que la passion aux prises avec les douleurs de la destinée, M⁻⁴ Marie Laurent exprime, elle, également, tous les sentiments de la vie : ceux qui l'ornent et la soulèvent comme ceux qui la dévastent. Elle est femme, vivante et sensible, à tous les points de la durée. Dans ce rôle de poissarde, qui, je l'ai déjà dit, n'est pas mal frappé, jusqu'au moment où la mère s'inquiète et pleure et fait irruption dans l'amour joyeux que la femme porte à son enfant, M⁻⁴ Dorval, par exemple, la vraie M⁻⁴ Dorval n'aurait pas paru.

Nous n'aurions eu qu'une actrice médiocre, peut-être mauvaise, — laide d'ailleurs et de voix vulgaire, pour ne pas dire un mot plus dur. Sa maigreur, qu'elle ne perdait qu'aux épaules, eût mal convenu à ce type de commère qui doit être robuste pour que le type du rôle subsiste dans son intégralité.

M⁻ᵉ Marie Laurent, au contraire, emplit magnifiquement son jupon de femme de la Halle, et son beau et bon visage, car il est aussi bon que beau, et dont les traits un peu forts semblent avoir été taillés pour les perspectives de la scène, fait admirablement sous les dentelles flottantes de ses bonnets. Excellente de réalité, la voilà qui dès sa première entrée de scène, dès le premier mot qu'elle prononce, se met à brûler les planches, comme on dit, sous ses souliers à talon, et à éclater de gaieté, d'impétuosité, de rondeur et de *bonne femme;* car c'est pour de pareilles femmes que le mot devrait être inventé! Elle est délicieuse et charmante, et cela va ainsi en attendant ce que j'ai dit qu'elle devient vers la fin de ce rôle, qui passe du comique au pathétique en montant des gammes énormes de hauteur, et qu'elle joue dans tous ses détails menus et saillants avec une merveilleuse harmonie. Comme les véritables grands acteurs, tant qu'elle est en scène, elle la remplit tout entière; on ne voit plus les autres acteurs, médiocres du reste, excepté Boutin, dans la scène de la folie dégradée, et Mlle Enjalbert, une fine mouche, et légère, et qui accroche comme une paillette de lumière à l'éclat de la grande actrice, qu'elle cherche, dans la partie gaie de son rôle de femme du peuple, à imiter.

La *Poissarde*, ce n'est donc à peu près personne... que Mme Laurent ! Mais, en vérité ! c'est assez pour nous, qui nous révoltons tant contre les Reprises, c'est assez pour nous faire pardonner celle-là.

LES LOUPS ET LES AGNEAUX

—

30 avril 1868.

I

Le vrai loup de cette pièce, c'est l'ennui. Les agneaux, c'est nous, qui avons été dévorés, et qui, malgré le titre bestiolet de la pièce, étions arrivés avec les meilleures dispositions. Et quand je dis nous, c'est tout le monde que je veux dire. En effet, ce n'était pas là une Reprise ! C'était une pièce neuve. Nous sommes tellement las et dégoûtés de ces Reprises, qui finissent par ressembler à cette même volaille de carton qu'on sert éternellement dans tous les soupers de théâtre, qu'une nouveauté avait chance de nous plaire de *cela seul* qu'elle était une nouveauté. Puis, c'était un début, au moins pour l'un des auteurs : une nouveauté encore. Pièce nouvelle, auteur nouveau ! Un début, cela intéresse pour le présent et pour l'avenir. C'est une réalité et une promesse. Nous n'aimions pas beaucoup, il est vrai, ce titre de *Loups et d'Agneaux*, qui rappelle tous les fabulistes, depuis La Fontaine jusqu'à ce pasquin d'abbé Casti et M. Viennet. Nous avions même à craindre l'exhibition de la fable du *Loup et de l'Agneau*, de La Fontaine, — bien entendu, inévitable ! Les deux auteurs, agnelets eux-mêmes, devaient tremper un petit bout de langue dans le *courant de cette eau pure*, et ils n'y ont pas manqué. *Les Loups et les Agneaux!* Est-ce d'ailleurs assez vieux, assez primitif, assez enfantin, soulier de bébé assez éculé, que cette opposition pour dire les coquins et les honnêtes gens, les mangeurs et ceux qui sont mangés ?... Mais, malgré tout cela, nous étions disposé à ne pas chicaner, à nous laisser amuser et peloter l'esprit par les auteurs, s'ils étaient un peu gais, à leur offrir une Critique bonne fille, — point bégueule, qui ne demandait qu'à se laisser enlever... Et voilà que nous sommes resté tout à plat à notre place, pas enlevé du tout, mais le contraire! alourdi, appesanti, cloué...

Et autour de nous, c'était la même chose... Tout le monde aurait voulu s'amuser et ne s'amusait pas, et était désagréablement surpris de ne pas s'a-

muser... quoique ce soit diablement ordinaire...
Tous, tant que nous étions, à l'orchestre, nous ressemblions à ces gros bêtas de hannetons, qui ouvrent leurs ailes pour s'envoler et qui ne s'envolent pas...

Mais ici, ce n'était pas le postérieur des hannetons qui était trop lourd !

II

On a ri, pourtant, mais savez-vous de quoi ? de la maladresse des auteurs, de leur inexpérience dramatique, — comme on rit de l'inexpérience d'un petit jeune homme qui débute dans le monde avec toutes les émotions et les sottises de la timidité. Transbordés, je crois, du journalisme au théâtre, MM. Crisafulli et Stapleaux ont eu le dépaysé qui convient à des journalistes s'y montrant pour la première fois. Leur pièce, aux actes trop courts, haletante, asthmatique, sans haleine, sans poumon, est, comme les gens sans poumon, mal construite ; et les situations toutes physiques qui s'y produisent ne sont que des jeux de portes, — mais des jeux de portes à révolter... même des portiers !

Jamais, au théâtre, on n'en vit tant s'ouvrir et se fermer. Quels tireurs de cordon que ces MM. Crisafulli et Stapleaux! Les portes jouent dans leur pièce un rôle plus actif et plus effectif que les personnages... On sort par une. On rentre par l'autre. On ressort par une troisième. Et coup sur coup! Et à la file!! C'est un perpétuel tournoiement et cache-cache autour de ce salon à trois portes, qui se rejette par l'une les acteurs entrés par l'autre, nez à nez, et se faisant casse-tête dans le plus ridicule des Colin-Maillards! Ces portes qui déferlent et claquent, ces portières qui sifflent, tant on les tire fort sur leurs tringles, comme on devrait siffler dans la salle, ont enfin pris aux nerfs les spectateurs et fait grincer les esprits les plus doux et les plus moelleux. Ils ont trouvé que c'était réellement trop de portes comme cela! Et, de fait, c'est par toutes ces portes que s'en est allé le succès.

Les auteurs en auraient peut-être eu un sans ces maudites portes, sans cette enfance de l'art qui ne nous a point touché, comme toutes les enfances, sans ce moyen primitif et naïf, lequel a fini par paraître impertinent... de naïveté. Le public a trouvé que la jeunesse dramatique de ces MM. Crisafulli et Stapleaux a trop abusé de sa jeunesse à lui, qui n'est plus jeune... « Pour qui me prend-on avec toutes ces portes? » a-t-il dit.

S'il y avait un conseil à donner à ces MM. Crisafulli et Stapleaux, ce serait de les enlever, dans
une retouche générale de leur pièce. MM. Crisafulli et Stapleaux ne sont pas des Samsons pour
la force, je le sais bien, mais ils sont deux dos,
et à deux dos ils pourraient peut-être remporter
leurs portes, comme Samson, tout seul, emporta
celles de Gaza. Seulement, — je le crains bien! —
toute leur pièce s'en irait avec.

III

Rien, d'ailleurs, dans cette pièce des *Loups et
des Agneaux*, n'a, pour ceux qui voient la comédie plus *haut* ou plus *avant* que l'ajustement de
certaines circonstances extérieures, racheté ce vice
de conformation dramatique qui saute aux yeux
du public et qui l'affecte comme une déviation et
une difformité. L'idée de la comédie de MM. Stapleaux et Crisafulli, que je croyais tout d'abord
une nouveauté, a trente-cinq ans, et a fait bien
des campagnes. C'est Robert Macaire et ses actionnaires; Robert Macaire, cette souche de comédies,
de plaisanteries, de caricatures, d'articles de journaux; ce type observé, épinglé, détaillé, rérepro-

duit, épuisé, et dans lequel, pour le renouveler, il faudrait creuser avec la force du génie !

C'est Robert Macaire effacé, correct, sentimental, et cocu, et manqué, sinon comme cocu, au moins comme Robert Macaire ; car il finit comme un agneau, ce loup ! C'est Robert Macaire trébuchant de la Porte-Saint-Martin au Vaudeville et de Frédérick à Parade, — Parade, au parler labial, à la lèvre épaisse et mouillée, à l'œil gros et étonné ; à Parade, très en harmonie avec le rôle affadi qu'il joue, et qui rappelle le Robert Macaire-Frédérick comme un lait de poule rappelle le vitriol... La scène des actionnaires, dans *les Loups et les Agneaux*, sur laquelle les auteurs, m'a-t-on dit, avaient spéculé, n'a pas un mot qui galvanise cette scène décrépite, faite et refaite nonante fois depuis trente-cinq ans. Colson y est excellent dans le rôle de Valdepenas, de toilette et de figure et d'accent, — c'est jouer que de se grimer et de s'habiller ainsi ! — mais pas un mot dit par qui que ce soit ne sort cette scène de sa photographique vulgarité. Cela n'a pas eu plus de succès que le claquement des portes, mais l'insuccès a été plus mélancolique. On ne riait plus ; on se regardait avec navrement... et l'on était d'autant plus surpris, que, dans cette pièce des *Loups et des Agneaux*, les deux auteurs se donnent une peine infinie pour gaufrer des mots, et qu'il y en a quelques-uns — pas très nombreux, pourtant, — qui ne sont pas trop mal gaufrés !

IV

Quant à l'analyse de la pièce, ne nous la demandez pas ! Sans les portes, qui clarifient tout, il est impossible de la bien faire, et surtout impossible de la bien comprendre. Il y a *là dedans* des mic-macs de lettres qu'on trouve, de médaillons qu'on trouve, de femme qu'on trouve, sans être coupable, dans le domicile d'un monsieur. Mais il faut des portes pour expliquer tout cela, et nous n'en avons pas dans notre feuilleton.

Et nous en aurions, du reste, que nous vous les fermerions au nez et que vous nous diriez « merci ! » car, nous pouvons vous le jurer, l'ennui sort, lui, par toutes les portes, de cette comédie-fable dont la moralité est celle-ci : c'est qu'entre les côtes du plus loup, il y a toujours une côtelette d'agneau.

C'est peut-être vrai. Seulement, MM. Crisafulli et Stapleaux ne nous ont servi que cette côtelette, et nous ne lui avons pas trouvé grand goût...

V

J'ai déjà caractérisé le jeu de Parade dans la pièce du Vaudeville. Parade n'est point un mauvais acteur; il dit simplement, avec naturel. Mais ici, il faudrait un mélange de profondeur comique et de sentiment, indiqué seulement par le rôle, et que le rôle n'ayant pas, il n'a pas non plus. Desrieux ne dépasse pas le convenable, — froid comme le convenable l'est toujours. L'acteur principal, dans *les Loups et les Agneaux*, l'acteur qui a empêché la pièce de s'abîmer au fond des bouches bâillantes, — tous ces gouffres qui s'ouvraient comme les portes elles-mêmes dans la pièce, — c'est Le Sueur. Le Sueur fait le rôle d'un abominable coquin, victime du pharaon et du baccarat, et qui, de partie perdue en partie perdue, est tombé au niveau des plus ignobles cochers de fiacre, dont il a pris la casaque. Ce cocher, qui tutoie insolemment ses anciens camarades de cercle, tout en tendant la main aux écus de cinq francs qu'ils lui jettent, ce gredin cynique, qui n'est pas un loup, mais qui n'est qu'un chien, le dernier des chiens, le dernier des Laridons de l'impudence et de la bassesse humaine, qui va toujours plus bas que la bassesse des chiens, est joué par Le Sueur avec le sublime affreux de ce que le XIX° siècle, qui a su nommer sa fille, a appellé l'*arsouillerie*. Il joue, selon moi, tellement bien cet atroce rôle, Le Sueur, que là où il est le plus gai, il est funèbre et nous fait passer le froid du dégoût dans le dos. C'est le vrai Robert Macaire de la pièce, — et non point Parade, parti de la vertu bourgeoise pour redevenir un bourgeois vertueux après avoir coquiné d'intention, le cocu engendrant le coquin et le coquin disparaissant quand il n'y a plus de cocu! De cocher devenu secrétaire d'une Compagnie générale d'actionnaires, Cotonnier (Le Sueur) n'a pas dans le cynisme le grandiose et l'invention de notre grand Frédérick; mais il est d'une réalité ignoble et d'une gaieté sinistre qui — même après Frédérick — ont leur prix. Le Sueur a vu juste, dans son rôle, là où un autre se serait trompé. Ce n'est pas quand il descend dans la fange qu'il est le plus ignoble; c'est quand il en remonte. Et ceci est d'un acteur qui pense! Le cocher fait bien moins mal au cœur que le secrétaire en habit noir, qui, plus il s'élève au-dessus des misères physiques de la vie, plus il emporte avec lui et met en saillie de bourbier!

Pour des actrices, il y a dans *les Loups et les Agneaux* les femmes qui jouent ordinairement au Vaudeville. Je les renvoie à Mme de Sparre et autres modistes de Paris; mais moi, je n'ai rien à en dire. Des actrices, je n'en ai pas vu ce soir au Vaudeville. Quand il y en aura, j'en parlerai!

LES BOHÉMIENS DE PARIS

LE COMTE D'ESSEX. — LE CHATEAU A TOTO

8 mai 1868.

I

Enfin, pour cette fois, sur trois premières représentations de la semaine, nous n'avons eu par exception qu'une Reprise. C'est une chose à noter... et un mieux. La Reprise a été les *Bohémiens de Paris*, cette inspiration d'Eugène Sue et le diamant en verroterie de la couronne de chrysocale de M. Dennery! Ils ont été rejoués Vendredi dernier sous la nouvelle direction de M. Koning, et nous ne parlerions point de la pièce, tant nous croyons qu'il serait bon, puisque nous ne pouvons les empêcher, de commencer contre ces fastidieuses et encombrantes Reprises la croisade du silence, si nous n'avions pas à rendre une éclatante justice à Dumaine. L'acteur — nous l'avons dit souvent — est tellement important par lui-même en art dramatique; il peut même, en une œuvre nulle, se montrer si grand et si créateur par les énergies et les profondeurs de son jeu, que la Critique lui doit réellement plus que cette aumône qu'elle lui jette ordinairement, par-dessus le marché, au bas de ses articles de théâtre, comme la pièce tapée au garçon quand on est content du service! Selon moi, les acteurs ne tiennent pas généralement assez de place dans la Critique théâtrale... Je ne parle pas des actrices. Les actrices, elles, en tiennent beaucoup, là comme ailleurs, je le sais bien, dans la préoccupation publique. Mais ceci n'est point affaire d'art, c'est affaire de femmes qui viennent, tous les soirs, traîner, agiter, baisser ou raccourcir leur robes en public; le marché des esclaves à Constantinople est ouvert tous les soirs à Paris, sous le feu des rampes et l'affût convergent des lorgnettes, avec les différences de civilisation... Mais en critique sérieuse et désintéressée, en critique spirituelle, c'est-à-dire pas charnelle, l'acteur quel qu'il soit, — homme ou femme, — c'est-à-dire l'interprète de l'œuvre dramatique, n'est pas certainement pris par la Critique pour ce qu'il vaut[1]. Si, en effet, vous choisissiez les meilleures pièces de théâtre de ce temps, que je m'obstine à appeler un *fruit sec* dans l'ordre dramatique, et que vous en fissiez, de ces pièces, un simple *spectacle dans un fauteuil*, vous verriez, en supprimant l'acteur, ce que l'auteur doit à cet homme qui le joue; vous verriez si de ces gloires brillantes qui doivent un jour s'éteindre, les acteurs ne sont pas toujours les artisans... ou les artificiers!

Eh bien, c'est là ce qu'est Dumaine dans les *Bohémiens de Paris*. Il fait, dans cette *boulevarderie*, — qui ressemble, pour l'intrigue *efforcée*, tirée difficilement de l'écheveau, souvent absurde, et aussi pour l'intérêt bête du vice puni et de la vertu récompensée, à toutes les machines de ces machinistes de drame, — le rôle d'un commissionnaire abruti par la boisson (pour parler la langue de ces

[1]. Tenez! Dernièrement, un livre a été publié sur les actrices de Paris. A distance, j'avais une bonne opinion de ce livre. Il excitait en moi une curiosité animée. L'auteur, M. Paul Mahalin, a, quoi qu'il écrive, — il n'écrit pas toujours ce que je voudrais, — le don rare de l'originalité, cette pointe de pierre précieuse, cette étincelle, et je pensais que ce serait des *actrices* et non pas des *jolies actrices de Paris* qu'il nous parlerait. Le seul titre de son livre a soufflé sur mon *illusionnette*. Il n'y a là qu'un bouquet de madrigaux, piqué çà et là de malices pour que tant de fleurs d'oranger et de tubéreuses ne finissent pas par trop *porter au cœur*... Mais, franchement, j'avais eu la bienveillance de croire à quelque chose de moins *jeune homme* que cela!

milieux!), et il rend cet abrutissement avec le repoussé du génie. Ce commissionnaire, qui a fait injustement vingt ans de bagne et à qui on a pris ou tué (?) sa maîtresse, s'est jeté dans l'eau-de-vie comme on se jette dans la Seine quand on veut se noyer, et l'ivrognerie furieuse, acharnée, crapuleuse, en a fait une brute chez laquelle tout a disparu : beauté humaine, éclair du regard, intelligence, tout, excepté la force physique, excepté le muscle terrible que rien n'a pu tuer! Dumaine a joué supérieurement ce Caliban de l'ivrognerie, auquel un peu d'âme revient de temps en temps, à travers les offusquantes ténèbres de l'ivresse, comme le rayon bleu du ciel qui passe par un trou de mur de prison... Dumaine a compris et composé ce rôle en artiste. Il n'a pas craint de se dévaster et de se blanchir le front dans une calvitie précoce et malsaine. Il se l'est taché des sales meurtrissures du vice. Il a éteint son bel œil bleu et il l'a hébété... vaillamment. Il y a mis ce courage ! Il a *bûché* dans tous ses avantages de jeunesse et de beauté en acteur qui ne voit que son rôle et les beautés propres à son rôle, lesquelles sont parfois d'épouvantables laideurs. Il n'a été qu'acteur, — au lieu d'être homme. Qu'il en soit glorifié!

Renversé au premier acte, soûl, défait, dans un effrayant sommeil d'homme soûl que *l'eau-daff* vient de terrasser, il dormait, — disons il *pion-*

çait, — abject, mais magnifique, sur le devant du théâtre, quand je suis entré dans la salle. Le premier acte était commencé... Je ne comprenais rien à ce qu'ils disaient, mais quand je l'ai vu ainsi, dans ces vêtements souillés, déchirés, la tête dans la poussière, — cette tête, ce boulet, qui, en tombant, était encore de force à enfoncer le pavé, comme une *demoiselle* de paveur, — je me suis dit que l'homme qui dormait un tel sommeil allait, réveillé, jouer tout son rôle comme il dormait, et cela a été vrai Tout le rôle a été joué à faire battre des mains à Diderot, à Mercier, à Rétif de la Bretonne, à Eugène Sue, à Balzac, à Hogarth, le peintre des ivrognes tragiques, à tous ceux enfin qui ont étudié, scruté et peint les types populaires et leurs excès, s'ils avaient été là, ces hommes comprenants... Dumaine l'a joué, ce rôle, à nous venger de Ferragus et à s'en venger lui-même. Ce qui plus que tout, dans ce rôle de Ferragus (dans *les Treize*), où je vis Dumaine pour la première fois, m'avait révolté, c'était le contraste (que je n'admettrai jamais!) du physique de l'acteur et de son rôle; car, sous aucun prétexte, il ne faut que le physique de l'acteur fasse obstacle au rôle. Il doit, s'il est artiste, y renoncer plutôt. Beau et fort autant qu'il est beau, Dumaine est malheureusement envahi par cet embonpoint qui prit aussi Georges IV de bonne heure, et contre lequel cet adorable lord

Byron, qui n'avait pourtant pas besoin de son physique comme un acteur, employait des moyens féroces ; Dumaine avait eu tort — le tort invincible — de choisir ce rôle de Ferragus. Mais ici, dans son rôle de Crèvecœur des *Bohémiens de Paris*, cet embonpoint, qui n'est plus une contradiction avec le rôle qu'il joue, et qui fait de lui, physiquement, une espèce de Mirabeau-Tonneau de la borne, grossit l'effet de son ivresse et de son monstrueux abrutissement. Quand l'âme revient à ce colosse, — et il y a un moment dans la pièce où elle lui revient tout à fait, — l'attendrissement est d'autant plus puissant qu'il a pu prendre et pénétrer cette masse formidable, et la détremper et la dissoudre dans des pleurs qui lavent, en coulant, et enlèvent la bête de cette face d'homme stupide, qui se remet à regarder le ciel... Rien de plus beau que cette transition, — que ce *sursum corda* du fond de la boue ! Tout cela fait le succès de Dumaine dans les *Bohémiens de Paris*, dont il sera — tant qu'il y jouera — la cariatide.

II

Nous sommes tellement embourbés et enfoncés dans ce misérable système de Reprises, que jusqu'à la dernière minute, quand on nous parlait du *Comte d'Essex* préparé par M. Hostein pour son théâtre, nous avons cru bonnement que c'était un déterrement d'un des vieux *Comte d'Essex* oubliés, ou celui de Thomas Corneille, ou celui de Gresset, et c'était une erreur : M. Hostein a laissé dormir les vieilles tragédies. Son *Comte d'Essex* n'est point une tragédie en vers, mais un drame en prose... semé de vers, il est vrai, et de quels vers! M. Hostein les a trouvés beaux, comme il a trouvé la prose à laquelle ils sont mêlés éloquente, et, il faut bien le dire, le public a été, ce soir-là, de l'avis de M. Hostein. Cette soirée du *Comte d'Essex* a donc été heureuse pour le Châtelet. Que dis-je? elle a fait, comme s'expriment ces hardis feuilletons qui ont inventé la langue astronomique de l'admiration : « lever deux étoiles nouvelles dans le ciel de l'art! » La première de ces étoiles est M. Couturier, l'auteur de la pièce, et la seconde, Mme Couturier, l'actrice de la pièce; Mme Couturier, sur l'affiche Mme Cornélie, mais parfaitement ailleurs Mme Couturier. Et ce ménage stellaire, ce ménage Couturier, dans lequel le mari fait les pièces que sa femme joue, est une chose trop inattendue et trop touchante pour que la Critique puisse s'en taire et ne l'apprenne pas aujourd'hui à la Sentimentalité française, qui viendra, comme elle a commencé, applaudir en masse cette puissante union conjugale, digne d'être exhibée comme un phénomène plus étonnant que les frères Siamois, selon le spirituel et tendre M. Hostein, qui connait bien son public.

Son public! Il n'est pas à lui plus qu'un autre; c'est le public de partout. Qui disait donc que le public français était gouailleur, tourné à l'ironie? Mais ce n'est plus vrai, cela! Il est sentimental, le public français... Le soir du *Comte d'Essex*, il a donné en plein — mais en plein! — dans le ménage Couturier. Cette position d'une femme qui joue son mari (les femmes les jouent quelquefois, leurs maris, mais pas comme cela!) a étreint le cœur de tout le monde, et, sous l'empire de cet attendrissement général, on a trouvé M. Couturier un fameux dramaturge curlé de poète, et Mme Couturier une fameuse actrice! Ç'a été la vertu conjugale récompensée. Du reste, M. et Mme Couturier ne sont, ni l'un ni l'autre, des virginités dramatiques. On les connaissait, — mais pas comme époux ! M. Couturier est l'auteur du *Coup de Jarnac*, — un assez mauvais coup, par parenthèse ! ! — et Mme Couturier est la tragédienne de l'Eldorado, qui servait, il n'y a pas longtemps, aux culotteurs de pipe de cet endroit enchanté, du grand Corneille sur le même plateau que du Frebaut et du Paul Blaquière, et qui, dans la fumée des pipes culottées, produisait l'effet d'une Rachel à ces amateurs distingués.

Elle joue Élisabeth de manière à se faire renvoyer à l'Eldorado par la Critique, si la Critique échappait à l'attendrissement. Oui ! Élisabeth, cette vieille rousse de cinquante ans, aigre et cruelle, qui a du vinaigre sous la peau, du vinaigre de vieille fille, lequel a fait tourner le sang de taureau qu'elle tenait de Henri VIII son père, Mme Cornélie Couturier la joue intrépidement avec une face lunaire pour la rondeur, le chignon brun d'une femme de trente ans *cocottement* placé sur la nuque, et le nez, antitragique, de M. Villemain !

On n'a donc pas dit à Mme Cornélie Couturier que quand Rachel, jeune encore, jouait Athalie, elle ne craignait pas de se plaquer, sous sa couronne, une sénile perruque de cheveux gris, et de sabrer de rides profondes ce pur et noble visage de bronze qu'elle maquillait alors autant que celui de sa mère Jézabel, dont les chiens juifs, qui la dévorèrent, avaient léché le rouge, avant de la dévorer !

Cornélie-Narcisse n'a pas eu de ces héroïsmes. Elle a respecté à ce point son orbiculaire image, comme dit La Fontaine de cette lune que le renard de la Fable prend pour un fromage tombé au fond du puits, et qui, du moins, est un peu échancré dans ce puits... Mme Couturier n'a rien échancré, rien ridé, rien creusé, rien vieilli de son visage paterne... Il est sans couture, et pas une seule fois je n'y ai vu passer — au fait, ce n'était pas la place ! — l'étincelante, verte et royale et tigresque colère de cette harangère couronnée, qui jurait comme un reître et griffait aux yeux les filles d'honneur, dont elle jalousait la jeunesse. Mme Couturier n'a rien compris à cette Élisabeth-là, qui est pourtant la vraie Élisabeth de l'Histoire. Elle n'a compris, elle (l'union conjugale ne fait pas toujours la force !), que l'Élisabeth de son mari, qui n'était plus qu'une Élisabeth Couturier, une femme violente, c'est vrai, mais au total bien *élevée*, et qui, dans toute la pièce, n'a lâché qu'une seule fois un *pardieu !* par considération pour la couleur locale ; car M. Couturier la considère sans en abuser.

Il s'est bien gardé — et sa femme aussi — d'appliquer au comte d'Essex le soufflet que lui donna un jour, à travers le visage, Élisabeth, de cette belle main nue, la plus belle du temps, mais qui, dans sa colère, souffletait aussi rudement, aussi outrageusement que le bourreau ! Non ! ils lui ont fait seulement tous les deux, M. et Mme Couturier, raser la joue du comte du bout d'un gant. Le soufflet digne et théâtral, le soufflet *comme il faut*, aux yeux des bourgeois ! L'Élisabeth, tour à tour abjecte et majestueuse, que le génie prude de Walter Scott lui-même a diminuée et pâlie jusqu'au fantôme, dans *Kenilworth*, aurait bien autrement encore effarouché le génie prudhommesque de M. Couturier et dérangé les convenances dramatiques telles que son cerveau doit les concevoir. M. Couturier me fait l'effet, d'après son *Comte d'Essex*, d'un esprit sage, modéré, mais éclectique, qui ne craint pas une pincée de romantisme par-ci par-là, — mais seulement une pincée, habilement répandue sur une scène ou une situation, amenée, arrangée, mijotée avec toutes les précautions et prudences classiques... et séculaires. Dramatiquement, il est de l'école historique que *Henri III* et la *Reine Margot* ont fondée. Mais il n'a pas dans la veine le tempérament colonial de l'auteur de la *Reine Margot* et de *Henri III*. M. Couturier, c'est le Viennet de M. Alexandre Dumas, et il *enviennetise* l'Histoire. Ce qu'il fait, cela n'est pas faux, mais faible. C'est propret, si l'on veut, mais poncif. C'est plus honnête que M. Dumas, mais c'est moins amusant que ce grand dramaturge de l'amusette, et, bref, ce serait assez correct en tout, sans le langage ; car dans cette pièce de M. Couturier, cette pièce applaudie par des gens qui devaient avoir les larmes de l'attendrissement dans les oreilles pour ne pas entendre ce qu'on se disait sur la scène, il y a des *places* qu'on fait éclore, des *questions qu'on invoque*, et on s'y livre encore à bien d'autres solennels charabias!

Et cependant tous ces charabias ont passé. Il y avait même pendant qu'ils passaient des gens qui disaient doctement : « Mais c'est littéraire, cela ! Voilà donc que nous revenons à la littérature. Ah! bien, tant mieux! » J'ai entendu ces propres paroles, tant l'illusion a été grande et merveilleuse la puissance de l'orviétan conjugal, servi par M. Hostein ! Pour vous en donner une idée, il y a dans cette *vienneterie* romantique un Shakespeare et un Raleigh à faire pouffer de rire une salle à l'état normal, à organisations ordinaires et que le spectacle conjugal de la femme dans la pièce du mari n'aurait pas détrempée au point de ne plus se connaître à rien. Eh bien, ce Raleigh et ce Shakespeare, c'est-à-dire ce que l'humanité a produit de plus grand, de plus noble, de plus élégant, de plus idéal, de plus romanesque, de plus chimérique en génie et en beauté, l'un joué (Raleigh) par un acteur (Deschamps) à l'air usé et pleutre et à la voix brisée, l'autre par un jeune homme (Dalbert) digne du rase-pet moderne, ont été sérieusement acceptés pour un Raleigh et un Shakespeare! Ils ont même dit des vers tous deux, — les seuls vers de la pièce, — et il s'est trouvé des mains pour applaudir ces trissotinades de bureaucrate, mises dans la bouche des plus grands génies qui aient jamais existé!

J'avoue que j'ai failli m'en aller en ce moment, vaincu par une sentimentalité qui rendait enfin par trop bête, et j'ai dit du public absent qui était un juge autrefois, ou qui du moins voulait être un juge, ce que Molière disait de la vertu présente :

Où le public va-t-il se nicher ?...

III

Le fait est qu'il n'est plus nulle part, le public, assez organisé pour être juge, pour avoir une opinion, un idéal, un préjugé, n'importe quoi, un *desideratum* quelconque d'après lequel il dise

péremptoirement, devrait-il se tromper encore:
« Ceci est mal ; cela est bien. » Sceptiques ramollis,
crevés avant d'être morts, car les mots d'une époque en impliquent les choses, ils viennent là tous
par le fait d'une curiosité ennuyée ou d'une
vanité qui piaffe avec des pieds de grue ; mais de
cohérence de public, de résistance de public, d'individualité de public, il n'y en a plus. J'en ai eu
la preuve ce soir encore. Ils ont joué au Palais-
Royal le *Château à Toto*, qu'ils ont applaudi
comme s'ils l'avaient trouvé charmant, et dont ils
se disaient en sortant: « Est-ce une chute ou un
succès ? » car on ne sait plus rien maintenant même
de ce qu'on sent, et l'applaudissement a perdu
une partie de sa vieille signifiance !

Mais quant à moi, du moins, que le succès
s'affermisse ou que la chute retardée s'accomplisse,
je vous dirai en peu de mots ce que je pense de
cette chose sans nom dont on ne peut pas dire si
c'est une farce qui veut être une comédie, ou une
comédie qui veut être une farce. Je n'ai point à
m'occuper de la musique de M. Offenbach; il
trouvera ici un critique plus compétent que moi.
Mais ce que je sais bien, pour mon compte, c'est
que M. Meilhac fait exactement à mes yeux la
même chose que le crin-crin qui l'accompagne.
Ils sont, pour l'heure, tous les deux, aussi en
train l'un que l'autre de voyoucratiser le théâtre.

Personne, avant eux, ne l'avait mis plus bas qu'eux. Seulement, ils touchent le fond, et, je le prédis, ils n'iront guère plus loin; la veine est épuisée. La pièce de ce soir, toute pleine de réminiscences prises à eux-mêmes, sans compter les autres [1], la pire espèce de réminiscences! est bien au-dessous, s'il y a un dessous à ces infections, de la *Grande duchesse de Gérolstein*. Le général de ce soir, joué par Brasseur, est bien inférieur au général Boum. Je n'ai pas entendu un mot, — mais pas un mot, — pendant ces trois actes, qui s'élevât de ces écœurantes bouffonneries à la hauteur d'un mot spirituel! Et pourtant, M. Meilhac est un homme d'esprit, capable, avant de s'être dépravé, de choses qui pouvaient le conduire à la grande comédie. Mais qui abuse de son talent le perd et mérite de le perdre; et de ce soir, je regarde M. Meilhac en perte du sien.

Il ne s'agit plus ici de M. Couturier, qui peut faire des *Châteaux à Toto* tant qu'il lui plaira au lieu de *Comtes d'Essex*, s'il lui en prend l'envie; il s'agit de M. Meilhac. Né pour mieux que pour écrire des farces et convertir son cerveau en pièces de cent sous, s'il use encore quelque temps ses facultés dans ces malheureux exercices, il éteindra un esprit qui pouvait être brillant et

1. La scène de la vente par exemple, prise à la *Dame Blanche*.

aplatira un relief qui pouvait être solide. Et puis, il tombera finalement dans la platitude absolue et incurable; il ressemblera à son public. Crevé pour crevé! il aura crevé la farce sous lui, — la farce qui commence aujourd'hui à dessiner la rosse dans son *Château à Toto*. Quelle destinée! Il fera équation avec son public, ce public qui, tout ganté de blanc qu'il fût, applaudissait de ses plates mains de palmipède l'autre jour au drame du *Comte d'Essex* comme si c'eût été un chef-d'œuvre, et qui en battait ce soir au *Château à Toto*, sans être bien sûr que c'en fût un. Tout ce qu'il savait, c'est que c'était là de la musique d'Offenbach à écouter, d'Offenbach, ce violonneux de leur décadence, à tous ces Bysantins énervés et hébétés qui m'ont fait penser, en m'en allant, au mot définitif d'Edgar Quinet:

Les Béotiens sont dans Bysance!

C'est mieux que les Turcs!

LE PONT DES SOUPIRS

LE CHEMIN RETROUVÉ

Vendredi 15 mai 1868.

I

Dans mon dernier article de théâtre, je prédisais à M. Meilhac et à son ménétrier, M. Offenbach, que leur affaire (et c'est le mot) était faite, et que le public avait assez de la *pochette* de l'un et des pochades de l'autre, et j'ai eu — d'une semaine à l'autre — la preuve que mon almanach était bon. Le *Pont des Soupirs* a suivi le *Château à Toto* à deux jours de distance. Le *Pont des Soupirs*, une Reprise et une des premières œuvres de M. Offenbach, qui n'a pas été écrit par M. Meilhac, mais par MM. Crémieux et Halévy, qui sont la monnaie... oh! la très petite monnaie de M. Meilhac, a paru d'une vieillesse affreuse à ceux qui l'avaient vu dans un autre temps, et cela malgré le récrépissage de ce *Pont des Soupirs*, vieux comme les ponts ! c'est le cas de le dire. La Direction des Variétés a fait ce qu'elle a pu, la pauvre diablesse ! Elle a (disait-on autour de moi) supprimé une arche de son pont, c'est-à-dire un acte. Merci, madame ! *Qui perd gagne*, à ce jeu, et elle a soigné les costumes, cette musique des yeux, les costumes, dont quelques-uns sont charmants. Eh bien, le public n'a pas senti cela ! Excepté un petit coin de cabaleurs à gilets en cœur, des *Tautinistes*, que je touchais du coude, le public, qui ne savait pas l'autre jour si le *Château à Toto* était un succès ou une chute, — une chute bien douce, non pas sur le pavé mais sur le crottin, — le public a très bien su que le *Pont des Soupirs* l'ennuyait. Il s'est ennuyé... clair !

Ce sera désormais le *Pont des Bâillements*, que ce *Pont des Soupirs*.

Et cependant, vous pouvez m'en croire, le genre admis de ces sortes de pièces, ce *Pont des Soupirs* est très au-dessus du *Château à Toto*. Les gargouillades, parades, rigolades de cette farce qui commençait la série de farces que voilà, j'espère, terminée, sont beaucoup plus gaies, beaucoup plus *drôles*, — le mot de l'enthousiasme ! — que les gargouillades, parades et rigolades de la pièce du

Palais-Royal, dont nous n'avions pas la primeur l'autre soir... Le *Pont des Soupirs,* c'est le premier soupir! C'est Offenbach à son aurore. La chanterelle de son violon d'aveugle n'a pas encore beaucoup servi. En se reportant à sa date, le vieux *Pont des Soupirs* est un Pont-Neuf(pardon! mais les calembredaines appellent les calembredaines, et c'est même leur danger...), tandis que le *Château à Toto,* c'est le couchant de ce bonhomme qu'on va renvoyer se coucher; c'est la chanterelle cassée, c'est le genre écaillé et éraillé, c'est la radoterie et la rengaine. Et c'est justement parce que c'est tout cela; c'est justement parce que le racleur, sous les portes cochères, n'a plus qu'à renfermer son vieux gagne-pain dans son étui et à tirer ses grègues; c'est justement parce que les fenêtres ne donnent plus à ce musicien de Barbarie qui charmait tant autrefois les âmes des cuisinières dilettantes, que le *Pont des Soupirs* est une Reprise malheureuse... Il n'avait jamais été qu'une parodie des drames, de la poésie et du ton romantiques. Ceux qui avaient écrit cette bouffonnerie l'avaient dirigée particulièrement contre M. Victor Hugo. Ils avaient imité ces gamins d'Italie, qui — nous dit Henri Delatouche dans sa *Fragoletta* — montrent leur derrière au Vésuve. Le Romantisme mort, cette parodie n'a plus raison d'être. On laisse les morts tranquilles.

On ne les plaisante plus. D'ailleurs, les plus méprisants contempteurs du Romantisme, qui ont applaudi à la reprise d'*Hernani* et ont demandé celle de *Ruy-Blas*, ne veulent plus qu'on se moque de M. Victor Hugo et de ses drames, et voilà pourquoi le *Pont des Soupirs* a encore moins réussi que le *Château à Toto*, qui semble être, Dieu merci ! la dernière pantalonnade de ce temps, lequel est bien plus unitaire qu'on ne croit, et qui a inventé la blague, la cocotte, le petit crevé, — et, pour les faire chanter et danser l'un et l'autre, le cancan sur tous les crins-crins !

Les acteurs l'ont joué comme s'ils s'amusaient plus que la salle, qui riait de la grosseur des bêtises qu'on disait, mais qui, de vrai et de profond, ne s'amusait pas. Dupuis, dans ce rôle de Méphistophélès poltron et cocasse de Fabiano Fabiani de Malatromba, a chanté avec un goût parfait, — ce goût qui a fini par lui créer une voix... Mlle Tautin, elle, a commencé par chanter faux avec violence, mais les *tautinistes* de mon coin ont prétendu que c'était la faute d'un violon placé derrière elle, qui l'empêchait d'entendre l'orchestre. Un Curtius s'est même jeté... hors de la salle pour aller prévenir, et Mlle Tautin a bientôt repris le fil de sa voix. Elle a, dans tout le courant de la pièce, des costumes tous plus ravissants les uns que les autres ; mais la robe du second acte, mi-partie d'écarlate et de bleu, avec l'écusson sur le côté, mérite une mention particulière et a magnifiquement prouvé que les couturières du Moyen Age étaient, en invention, un peu plus fortes que celles de notre temps, ce copieur! qui n'a pas plus de toilette à lui que d'architecture. Mlle Garait, qui faisait Amoroso, est certainement, sauf preuve du contraire, la seule femme des théâtres de Paris qui puisse jouer ces rôles d'hommes que les auteurs s'obstinent à faire jouer par des femmes pour deux raisons : — parce que les hommes sont laids, et parce que le libertinage de l'imagination des foules est toujours bon à exploiter quand il faut tirer sur toutes les cordes du succès. Mlle Garait n'a pas ces jambes de femme que toutes les femmes montrent dans des chausses de soie, quand on les y met, mais celles du plus délicieux jeune homme qu'aurait dessiné Raphaël... C'est une rareté, cela! Quand, avec Mlle Tautin, elles ont toutes deux, dans les aventuriers, le même costume de page, comparez les jambes de Mlle Tautin avec les jambes de Mlle Garait, et vous verrez si ces quatre jambes — jolies toutes quatre — ne semblent pas avoir deux sexes. Mlle Garait a dit son air : *Catarina, je t'aime!* de manière à nous enlever le cœur au bout de nos oreilles, et tout le temps qu'elle a été en scène, cette Ephèbe-femme, elle m'a fait penser au chérubin de Beaumarchais, cet androgyne de la puberté si fabuleusement difficile à jouer, et qu'elle jouerait peut-être... Ils n'ont jamais personne au Théâtre-Français !

Rendons justice à tout le monde : les deux espions rouges et noirs qui font la garde autour de Malatromba ont été *mimés* et *gesticulés* avec un talent consommé d'imitation. Vraies figures à la Callot, aux gestes découpés et coupés comme il les découpe et coupe dans ses figures, et qui ont fini par avoir le rigide et le saccadé des jouets d'enfants, — de ces poupées en bois qui donnaient le frisson à Hoffmann. On n'a jamais étudié plus profondément le mouvement du bois monté sur charnières, et on ne l'a jamais fait plus heureusement passer dans celles de ses os.

Ils méritaient qu'on les applaudît, non plus avec des mains, mais avec des battoirs, — en bois, comme eux !

II

Où l'art dramatique (l'acteur à part) est une triste chose, un art inférieur en soi, — ce que, pour ma part, je crois, et ce que je prouverai un jour ici, un jour où les pièces nous manqueront tout à fait, remplacées comme on les remplace par des Reprises, — ou une comédie est une chose diablement difficile, pour qu'on *les* manque presque à tout coup et à l'unanimité!... Ce n'est, certes! ni l'observation, ni l'esprit, ni la mystérieuse connaissance des planches, cet art de marcheuse théâtrale, qui manquent à MM. Leroy et Régnier, les auteurs du *Chemin retrouvé* qu'on joue au Gymnase, et pourtant le *Chemin retrouvé* n'est pas le chemin perdu qui mène à la grande comédie et au vrai succès! Les Ensommeillés de l'Optimisme, les Sept Dormants du feuilleton nous ont parlé de succès, mais n'y croyez pas! Je n'étais pas à la première représentation, qui ne représente guère que les très humbles et très obéissants et très passionnés serviteurs que nous mettons au bas des lettres, mais j'étais à celle du Mardi 13 de ce mois, et quoiqu'il y eût sur le boulevard une petite queue, — une queue de rat qui se tortillait à quatre pas des marches du théâtre, — rien dans la salle, ni par la plénitude des loges, ni par l'attention heureuse ou animée des visages, n'indiquait cette chose éclatante ou frémissante ou palpitante que l'on appelle un succès... La salle était calme. On causait à mi-voix à travers la pièce, et personne ne faisait *pchitt!* pour en empêcher. Les femmes, aux entr'actes, avaient la figure ennuyée... Elles respiraient des sels sans émotion, contre la chaleur de la salle qui leur rosait le nez... un peu trop, jointe au piquant des sels. Deux jeunes filles, avec de ces jolis fronts où il n'y a absolument rien, étudiaient à l'avant-scène, en se les montrant, les figurines de leurs éventails. La claque, une claque maigre, manœuvrait de temps en temps, avec sa précision prussienne et monotone. Mais, excepté deux personnes à l'orchestre, qui ont applaudi plusieurs fois... non la pièce, mais nommément Mlle Blanche Pierson, on n'y donnait pas signe de grande vie. J'y ai vu même somnoler... Ne voilà-t-il pas un fier succès ?

Quant à la pièce en elle-même, jouée avec l'ensemble qu'ils ont au Gymnase, elle était particulièrement animée par deux comédiennes, dont l'une devient excellente et dont l'autre ne cessera pas de l'être, Mlle Pierson et Mlle Mélanie. Pourquoi donc n'y avait-il pas plus d'intensité dans les sensations de la salle ?... C'est que cette comédie du *Chemin retrouvé* manque de largeur, de pleine main et de franche allure, de gaieté chaleureuse, de générosité comique. Cela ne roule pas. C'est toujours de la comédie telle qu'on la conçoit dans cette boîte de confitures sèches du Gymnase ! C'est toujours de la comédie qui tourne au mélodrame un moment, par le fait d'une erreur grosse comme rien, — et qui retourne à la comédie, pauvre petit toton dramatique! Face Scribe d'abord, — puis face Sardou, — puis encore face Scribe, qui reste face Scribe, — avec une langue meilleure, il est vrai, et plus de trait dans l'esprit. M. Leroy — et ce n'est pas un mince éloge pour moi — a de l'esprit dans sa pièce. Mais cet esprit est, selon moi, trop papilloté. Les boucles sont trop serrées. Le *coup de vent* n'est pas là! le coup de vent qui donne la grâce à l'esprit comme il en donne aux cheveux! On dirait qu'il a taillé ses mots comme on casse du sucre, avec un couteau et un maillet... Landrol, qui a le rôle à mots et qui a charge de les lancer, les lance comme je crois qu'ils sont venus à l'auteur avant de les tailler, avec un effort à les rompre et une envie de faire de l'effet, — qui n'en fait pas ou qui en fait moins, — et qui mériterait de ne pas en faire du tout. Landrol a du talent, *je suis sûr* qu'il a du talent, mais dans une enveloppe rêche. Il faut qu'il s'assouplisse, qu'il se mette de l'huile aux jointures, qu'il prenne garde à sa gorge qui râpe trop les mots pour les faire mieux sortir et entrer en nous... mais qui finiraient, s'il ne se surveille, par rester chez lui, comme un inexpectorable gargarisme!

III.

Ainsi, spirituelle, mais dont on peut dire, avec Célimène :

Mais elle veut avoir trop d'esprit dont j'enrage!

Cette comédie, à bouche fermée, à gaieté prude, est du moins spirituelle. On y dialogue sans trop y monologuer. Et c'est là un profit net que l'esprit, dans un temps qui ne le comprend que comme Offenbach comprend la musique! Malheureusement, pour le reste, c'est comme ailleurs : pas un visage nouveau en cette comédie, pas un caractère, et les auteurs, Jérômes Paturot, sont toujours à la *recherche d'une position dramatique*, comme l'autre d'une *position sociale!*

Or, voici la petite que ces messieurs ont trouvée, en s'y mettant deux!

Une femme, Mme Marie d'Augerolles, qui aime son mari avec jalousie, son mari qui court... entendons-nous! sur le turf, pour les beaux yeux d'une drôlesse absente dans la pièce, est aimée d'un gentilhomme élégant, joué sans élégance par Villeray (M. de Laverdac), et elle lui oppose de telles résistances et de façon si dure, que, désespéré, il prend la place du mari, qui doit courir et qui n'arrive pas à l'heure sur le turf, retenu par une scène de sa femme, et qu'il essaye, lui, le Laverdac, de se faire tuer en sautant maladroitement une barrière. Seulement, il se manque. On le rapporte chez lui sans connaissance, mourant, et cette croyance qu'il est mourant inspire à Mme d'Augerolles l'idée romanesque d'aller le voir pour calmer les remords d'une pitié si tard venue. Elle y va !!! Et voilà toute la pièce !!! Est-ce petit *petiot*, cela ? Une lettre anonyme (ceci n'est plus petit, mais gros...) prévient le mari, qui tombe comme une foudre assez ridicule chez l'amant de sa femme pour l'y surprendre, cette femme qu'il croit infidèle, et il en trouve une autre, laquelle s'y était embusquée pour la sauver... par amitié !

Toute la pièce est dans ceci :

Il y a un couloir par lequel Mme d'Augerolles peut *retrouver son chemin*, c'est-à-dire la rue. Mais le couloir est fermé... Comment sortira-t-elle?...

Le halètement est en ces deux minutes... Le mari, très colère et très bête naturellement, veut tout enfoncer. Il se précipite sur la porte... qui s'ouvre, et il en sort tranquillement l'amie de sa femme. Deux minutes d'arrêt! — Vous voyez? — puis la comédie reprend son *chemin* dans sa petite locomotive de carton-Scribe, qui arrive enfin au dénouement ordinaire de ces charmantes compositions de *Jean qui rit* et de *Jean qui pleure* en même temps.

IV

Je pourrais critiquer. Je pourrais dire, si j'aimais ces chicanes, que l'idée d'aller chez M. de Laverdac ne PEUT pas tomber dans la tête d'une femme qui aime son mari et qui n'est pas tout à fait une dinde truffée de romans pourrisseurs. Touchée, oui! rêveuse, troublée, commençant d'aimer, oui! mais prenant son chapeau et y allant, à brûle-pourpoint, comme ça? — non! je le nie carrément. Je pourrais dire encore : Pourquoi ce mari, qui est de Paris, qui a vu jouer le *Mariage de Figaro*, n'est-ce pas?... qui n'est pas un Georges Dandin imbécile, pourquoi ce mari, qui vient presque de se jeter, comme un cocher, sur

M. de Laverdac, s'arrête-t-il devant la femme qui sort du couloir et n'y entre-t-il pas, le sot! digne de l'être? Je pourrais dire... Mais non! je veux rester un bon garçon, parce qu'il a eu de l'esprit, ce M. Leroy, dans un temps où l'on n'en a plus. Je laisserai là ces *rusoteries,* à jour comme de la dentelle, sur lesquelles les pièces d'à présent reposent, et qui ne sont vraiment dignes intellectuellement que du plus doux des mépris... Je ne toucherai pas avec des mains fermes, qui casseraient tout, à cet ouvrage de filigrane, et je le laisserai sur l'étagère Montigny.

J'aime mieux vous parler de ces deux femmes dont j'ai parlé déjà, Mlles Pierson et Mélanie, les deux vraies âmes de la pièce... et sans lesquelles elle ne serait pas. Mlle Pierson qui n'a que son charme; car elle est mal mise. Toilette lourde, dont la nuance seule est plaisante (je parle de la robe lilas). Il faudrait à Mlle Pierson des robes qui *aériseraient* sa beauté, trop turque peut-être. Mais Mlle Pierson ne semble pas avoir la politique de sa beauté... Elle est candidement ce qu'elle est, et elle se trompe... avec candeur. Le goût, le grand goût lui poussera-t-il comme le talent lui a poussé?... J'ai déjà dit cela, mais je ne suis pas las de prendre l'étiage de cette fleur de talent qui s'en va toujours se surhaussant! Mlle Pierson est, dans le sens le plus honorable du mot, comédienne, en cette comédie du *Chemin retrouvé*. Elle arrive au simple, la délicieuse fille! Elle pleure bien; elle met bien ses poignets charmants dans ses yeux. Elle a des *candeurs* d'attitude passionnée. Quel camée rose, quand elle est dans son coin de canapé et qu'elle écoute, de ses grands yeux bleus attentifs, deux saphirs dignes de servir de miroir à un calife qui aurait ce que n'ont pas ces gueux de califes, bêtes comme des souverains : le sentiment de la couleur et le *sentiment du sentiment!* — Mlle Pierson me plaît encore davantage dans : *Comme elles sont toutes*, de Charles Narrey, quand elle lutte avec cette belle Mlle Angelo, qui mérite plus que son nom, et qui, pour moi, est Mlle Archangelo! Mais ce que je vois avec plaisir dans le *Chemin retrouvé*, c'est que le progrès, en elle, continue; que ce n'est pas affaire de rôle. Car il est des rôles qui chaussent tellement une actrice, par exemple, que dans ce rôle elle est excellente, mais que la bottine ôtée, le pied s'en va avec! Ce n'est point ainsi pour Mlle Pierson. Le pied reste, quelle que soit la bottine, et j'espère, parbleu! bien, qu'il deviendra piédestal!

On nous dit que Mlle Mélanie s'en va. Eh bien, personne ne remplira le vide qu'elle va laisser au Gymnase, et nous ne l'avons jamais mieux compris qu'en la voyant jouer son rôle de douairière dans le *Chemin retrouvé* (Mme de Rochepont). Douairière? son rôle en a menti! Ce n'est pas une douairière! Y a-t-il de la jeunesse encore, du rayon encore dans ces yeux fins, dans le sourire de cette bouche spirituelle!... Mais elle n'en joue pas moins les douairières avec le désintéressement, l'impersonnalité de l'actrice qui sacrifie toute la femme à l'Art! Belle chose, qu'on ne saurait trop louer et trop encourager! Mlle Mélanie est ce qu'on appelle une actrice de tradition et de race. Si elle part, elle pourrait rester; car jusqu'à sa dernière heure, elle pourrait, comme les vraies actrices, jouer la comédie. Les vraies comédiennes peuvent quitter la comédie, mais la Comédie ne les quitte jamais.

Mlles Pierson et Mélanie ne sont pas, du reste, les seules actrices du *Chemin retrouvé*. Il y en a deux autres encore, Mlle Massin et Mme Pasca. Mlle Massin, qu'on y a habillée, hélas! en collégien d'abord et en gandin ensuite, est victime de cet exécrable costume xixe siècle, si laid déjà pour les hommes, si effroyable pour la femme! J'attends à la voir dans une robe et un rôle de femme, pour la juger. Dans les *Grandes Demoiselles*, elle a la robe, mais elle n'a pas le rôle. J'attendrai... Vous ne piétinez pas d'impatience plus que moi, mademoiselle! — Mme Pasca, la grande, la belle Mme Pasca, au corsage héroïque, attend aussi son rôle, comme Mlle Massin. Ils lui campent, au Gymnase, des rôles tranquilles qu'elle joue avec une noblesse qu'on ne saurait trop admirer ; mais, ou je me trompe beaucoup, ou il faut des rôles profonds et passionnés à cette femme, taillée pour faire voler, si elle est digne *par-dedans* de ce qu'on voit *par-dehors*, la boîte du Gymnase en éclats!

LA LOTERIE DU MARIAGE

Vendredi, 22 mai 1868.

I

Encore une semaine de redites ! Encore la *jacasserie* éternelle des mêmes pièces, dans des Théâtres sans répertoire ! Contre cette monotonie... coupable et dont je veux dire les raisons dans un prochain article, nous avons eu seulement, cette semaine, la pièce que voici de M. Jules Barbier, — un opéra-comique alexandrin ! C'est hier que nous avons avalé cette glace à l'Odéon, par une chaleur de je ne sais combien de degrés Réaumur. On nous l'a servie dans sa petite soucoupe de deux actes, cette glace sans aucune espèce de vanille et de parfum quelconque, si ce n'est le parfum (un peu trop prononcé) des réminiscences, et qui ne m'a guère donné que la sensation de sa froideur... malheureusement pas à la peau ! Le public n'a pas senti comme moi. Il a eu chaud, lui, de toutes manières, et il a trouvé que M. Jules Barbier, le faiseur d'opéras-comiques, était assez poète de haute comédie comme cela, au second Théâtre-Français !

En effet, M. Jules Barbier est un poète d'opéra-comique... fondamentalement d'opéra-comique, et qui en fait encore quand il n'en veut pas faire. C'est plus fort que lui. Il est né cette espèce très particulière de poète-là. C'est sa destinée. Un jour, il chicana avec cette jolie destinée ; il tâtonna avec sa vocation, qui a fini par l'emporter. Il débuta, si je ne me trompe, dans une comédie, *Oimé!* intitulée le *Poète*. Et déjà, sous ce « Poète » là, pointait et frisottait l'autre... de l'Opéra-Comique, qui enfin est sorti, parfaitement frisé, comme un bichon, et que l'on reconnaît encore dans la pièce d'hier soir, — la *Loterie du Mariage*, — cette infidélité d'un charmant ingrat au genre qui l'a rendu heureux ! Le génie est incompressible. Dans cette *Loterie du Mariage*, j'ai entendu des vers sur les fleurs et les femmes étiolées, ah !... des vers qu'Alfred de Musset était parfaitement incapable d'écrire, mais que M. de Saint-Georges jalouserait peut-être, et qui prouvent combien l'habitude d'emboucher ce galoubet peut être indomptable. *Opéra-comiquement* parlant, ils ont ce qu'il faut, ces vers... ils sont délicieux... Et la salle de l'Odéon, pleine de têtes d'opéra-comique, qui sont toujours les plus nombreuses dans un public de têtes françaises, les a goûtés comme tels. Elle a sucé ce bâton de sucre d'orge enrubanné, avec délices.

II

La *Loterie du Mariage*, qui n'est donc, sous la plume de M. Jules Barbier, qu'un opéra-comique en vers, — et sans musique, hélas! — pourrait, sous une autre plume, être une comédie. L'idée première, par conséquent le titre de la pièce ne devait pas être la *Loterie du Mariage*; l'idée première qui a passé dans la tête de M. Barbier était le mariage par commission, le maquignonnage du mariage tel que le voilà établi, comme une industrie de plus, dans les industries du xixe siècle. Le maquignonnage du mariage doublement pratiqué, comme on le pratique dans nos mœurs, non pas seulement avec le bureau, l'enseigne effrontée, la réclame immonde dans les journaux, — cette vitrine de toute indécence et de toute ignobilité, cette Morgue du vice et du crime, — mais dans le monde le plus élevé, le plus patricien, où l'on ne meurt pas pour une tache, ni même pour deux... et tout cela avec des façons et des mains d'hermine!

Le monsieur de Saint-Amour de la pièce de M. Barbier n'est qu'un lieu commun, très grossier, ramassé dans les bureaux, ouverts depuis trente ans, de M. Foy et *compagnie*. Mais ce qu'il fallait mettre en regard de ce type grossier et connu, c'était le type plus profond, plus fin et non moins vrai, d'une de ces dames de Saint-Amour, non plus au nom équivoque, mais au nom noble et même historique, à l'irréprochable descendance, et qui — cela s'est vu, et ceux qui me lisent pourront deviner — tripotent de mariages comme d'affaires à la Bourse, et disent : « mais c'est tout simple! » et font dire à leur société: « mais c'est tout simple! » et ne rougissent plus. Superbe et affreux sujet de comédie, appartenant exclusivement à l'époque du xixe siècle! Dans le xviiie siècle, vous n'aviez pas cela. Il y avait des vices. Il y avait de tout, en fait d'infamies. Mais vous n'aviez pas cela! La Fillon existait. La Gourdan aussi. On achetait des vierges pour s'en faire des maîtresses, et le commerce en va encore; mais on n'achetait pas d'un commissionnaire à qui on payait un prix de... une jeune fille *pour en faire sa femme*, et les familles n'en vendaient pas, du moins de cette manière! Ceci est le propre ou le malpropre, — comme vous voudrez! — mais le particulier du xixe siècle, de ce noble xixe siècle dont nous avons tant raison d'être fiers! Eh bien, que croyez-vous qu'eût fait Molière d'un tel sujet, s'il avait été de son temps?... Vous savez bien ce qu'il en eût fait, n'est-ce pas?... Mais M. Jules Barbier, qui avait de l'opéra-comique dans l'œil, n'a vu là dedans qu'une pastorale vertueuse. Au lieu de peindre fortement les maquignons de la chose, — de creuser dans ce sol jusqu'au tuff, — de montrer *contre* le maquignon à bureau ouvert la concurrence de la maquignonne à bureau fermé, à corsage pudique, à mœurs pures, à habitudes *comme il faut*, élégantes et dévotes, — il s'est contenté de nous rimer les réclames que tout le monde lit dans les journaux (c'est tout le comique de sa pièce!) et de faire s'aimer les petits jeunes gens dont on a tripoté le mariage. Ils payent le maquignon et ils sont heureux. Voilà le bon billet de leur *loterie!* et je n'aurais rien à dire de cette *loterie*... s'il n'y manquait pas les couplets.

Oh! je ne connais rien qui fasse plus de peine qu'un grand sujet dans de petites mains. Je ne connais rien de plus navrant qu'une idée heureuse tombant, comme par une ironie de la nature, dans un cerveau qui n'est pas capable de la contenir ou de la féconder. C'est bien triste, qu'une belle jeune fille aux mains d'un chiragre, d'un podagre, d'un vieillard, d'un eunuque imbécile; mais ce qui est plus triste encore, c'est une idée, une belle idée profanée et ratée gaiement par un esprit impuissant!

III

Les acteurs de ces deux actes sont médiocres comme eux. Martin, qui fait le Dufour de la pièce, est digne de son nom de Martin et de son nom de Dufour. Romainville *dit faux* tout le temps, avec un accent du Midi insupportable et un grasseyement qui touche au crachement d'huîtres... Ah! pouah! Raynald a l'insignifiance des jeunes premiers dans les pièces modernes, lesquels sont tous, ou des impertinences pour la jeunesse, ou des accusations contre elle... Mlle Bernhardt, que d'aucuns trouvent une *poésie*, mais, selon moi, une *poésie* trop maigre, a des adorateurs à l'Odéon, — c'est évident, — mais des *préférences à froid*, de connaisseurs qui n'adorent point, vaudraient mieux. Elle s'est affublée au premier acte du manteau Watteau que les Lâches de la mode adoptent, ce manteau que tout l'art de Watteau ne saurait me faire accepter et sous lequel les femmes ressemblent à des abbés. J'aime les abbés en ma qualité de catholique, mais à leur place... et les femmes à la leur. Que les femmes laissent leurs manteaux aux hommes! M⁻ Putiphar déchira celui de Joseph, mais, du moins, elle ne le mit pas! Mˡˡᵉ Bernhardt a eu deux ou trois simplicités à travers beaucoup d'affectations. Mˡˡᵉ H. Damain, qui travaille ses rôles, n'a rien eu à travailler du tout dans le sien. J'ai parlé des réminiscences. Celles de cette pièce sont honteuses. En dehors du quatuor des amants maîtres et des amants valets, dont les scènes se suivent comme dans le *Dépit amoureux,* que de situations, que de plaisanteries, que de locutions volées à Molière! A chaque instant, M. Barbier met des hémistiches de Molière dans sa pièce, comme des pointes d'asperge dans une omelette.

En mangeant la sienne, ce matin, il croira qu'il aura eu un très grand succès hier soir, et le fait est qu'il en a eu un, mais quel succès!... Le succès éphémère d'une pièce qui est tombée, en été, à travers tous ces hannetons qui pleuvent pour l'instant, comme un hanneton de plus.

Laissez passer un mois, — un mois, à peine, — et ce sera le Romieu de ce hanneton-là!

IV

POST-SCRIPTUM. Avant de jouer la *Loterie du Mariage*, ils ont joué, ou plutôt ils ont *déjoué*, le *Legs*, de Marivaux. Mlle Ferraris abominable aux yeux qui ont vu Mlle Mars!

Ce n'est pas leur faute, du reste, à ces acteurs! Je demande que Marivaux soit interdit à tous les théâtres. Une société fondée sur le suffrage universel ne peut rien comprendre à Marivaux.

MA REPRISE, A MOI!

LE MISANTHROPE

A M. GRÉGORY GANESCO.

Côte de Portbail, 14 juin 1868.

I

Si je ne vous avais pas promis, au *Nain jaune,* de vous envoyer quelques idées sur le Théâtre pendant que vous voyez les pièces que je devrais voir à Paris, certainement, mon cher Ganesco, je ne me détournerais pas du grand spectacle que j'ai sous les yeux pour vous entretenir des petits qui sont sous les vôtres. La mer, qui déferle, en ce moment, à mes pieds, la mer, cette grande actrice qui ne vieillit pas, elle, et qui joue toujours avec la même perfection ses rôles charmants ou terribles sur son théâtre éternel, me ferait entièrement oublier vos actrices malingres et éphémères et vos théâtres décadents! Ah! que d'ici où je suis, mon cher Ganesco, ce que vous voyez à Paris — ce que j'y ai vu moi-même toute l'année, — me paraît petit, mesquin, misérable, puérilement artificiel. A Paris, quelque froide que soit la tête du critique, l'atmosphère où elle plonge finit toujours par la tiédir. Le Théâtre, cette sensualité, s'adresse si directement et si puissamment à nos sens, que, pour bien le juger, il faut en être loin comme de la femme aimée, quand on veut la juger aussi! Dans deux jours, je serai près de vous. La semaine prochaine, j'aurai rebouclé mon petit collier de force et repris cette plume qui me sert à écrire au *Nain jaune* l'histoire, plus ou moins amusante, des pleutreries dramatiques qui se jouent à Paris avec des aplombs et des prétentions de chefs-d'œuvre. Mais aujourd'hui, libre encore sur cette côte écartée où, depuis quinze jours, je m'essuie de toute impression parisienne, je parlerai peut-être mieux du Théâtre, — de ce Théâtre dangereux comme une femme qu'on aimerait en la méprisant.

II

Vous savez mon opinion sur l'art dramatique. Elle a, juste Dieu! assez rayonné dans ce que, depuis un an, je me suis permis d'écrire au *Nain jaune*. Selon moi, c'est un art fini. C'est un art qui a eu son temps et ses génies, mais un art fini, c'est comme un peuple fini... Cela ne se retranche pas, cela ne se coupe pas net d'un seul coup, — avec des ciseaux ou avec une hache. Cela est fini et cela dure encore... Il traîne des queues à ces comètes disparues. Tenez! est-ce que nous, peuples habillés, nous ne faisons pas encore de la *sculpture nue*, avec une ténacité d'anachronisme qui montre bien la lenteur et la peine qu'un art quelconque trouve à mourir? Il en sera de même du Théâtre. Le Théâtre, avec ses spectacles, correspond aux facultés inférieures de l'esprit humain, qui sont aussi éternelles que ses facultés supérieures. Seulement, chaque jour qui viendra dégradera un peu plus cet art tombé... Je ne crois, certes! point qu'il renaisse de sitôt des hommes comme Shakespeare et Molière, mais il en renaîtrait qu'ils ne seraient point les sauveteurs de l'art dramatique en péril. En vertu même de leur génie, ils ne se continueraient pas; ils feraient autre chose que ce qu'ils ont fait dans leur temps. Et pourtant je ne dis nullement que de grandes imaginations ne puissent se prendre encore à cet art du théâtre qui a dépassé son zénith et qui descend l'autre côté de la courbe qu'il a montée, et ne puissent nous donner, par le bysantinisme qui court, des œuvres d'une beauté relativement imposante. Mais les grandes imaginations, d'ailleurs très rares, ne sont pas comme le génie absolu, — qui fleurirait, lui, dans un poulailler, sans avoir besoin de personne... Elles ont besoin d'être suscitées. Servons-nous d'une expression vulgaire : les talents, pour agir, c'est-à-dire pour produire, qui est leur mode d'action, ont besoin qu'on leur mette le cœur au ventre. Et qui le leur y met, à cette heure, dans la littérature du théâtre encore plus que dans les autres arts?

Le génie est fils des circonstances, disait Napoléon. C'est beaucoup, cela! C'est, je crois, une exagération de la puissance paternelle. Napoléon pensait botté; il était trop pressé pour bien voir les nuances. Mais si le génie n'est pas nécessairement le fils des circonstances, il pourrait bien en être au moins le neveu, c'est-à-dire, en d'autres termes, qu'il dépend toujours un peu d'elles. Or, ces circonstances, que sont-elles à présent pour le génie dramatique ? Des tantes bien dures et bien sottes. Pécuniairement, on jette quelques subventions à deux ou trois Directeurs de Théâtre, qui économisent et tondent sur elles, et on se croit quitte envers le Théâtre. Mais, intellectuellement, au point de vue le plus élevé qui est ici le plus réel, que fait-on pour lui d'efficace ?... A qui a-t-on confié ses destinées ?... Qui les surveille et qui les protège ?... Qui va au-devant des vocations ?... Qui les provoque et qui les fomente ?... Quelle est la haute main qui devrait passer comme la baguette de Tarquin sur toutes ces têtes de pavot de Directeurs imbéciles ou cupides, dont on laisse aller les Directions comme elles veulent aller ? Enfin, qui assainit ce milieu infect de vanité, d'anarchie, d'instincts jaloux, où tout homme est une femme et toute femme deux, et dont Balzac, qui eut pour erreur le Théâtre et qui avait passé par ce milieu, disait que c'était un océan de... et, dans son dégoût irrité, lâchait le mot de Cambronne tout au long, lui, le fils de Rabelais, qui ne se gênait pas ! Si déjà, au commencement de ce siècle, dans un pays aristocratiquement constitué comme l'Angleterre, un grand seigneur comme lord Byron, scandaleux amour d'un peuple de bégueules et d'hypocrites puritains qui ne comprennent l'amour que quand il est scandaleux, homme de génie commercialement populaire qui vendait les trois chants du

Corsaire une guinée le vers, et qui, au Théâtre, faisait des œuvres comme *Sardanapale, les Deux Foscari, Marino Faliero*, si un tel homme défendait expressément qu'on jouât ses pièces, par mépris pour ce milieu affreux des Théâtres, caractérisé comme je viens de le dire par Balzac, qu'est-ce donc maintenant et que doit-ce être en France, ce pays égalitaire qui se pique de tout organiser dès qu'il bavarde et qu'il paperasse, non pas pour les lords Byron qui n'y existent pas, — non pas pour deux à trois personnalités en faveur qui imposent, sur leur nom, à tous les Directeurs de Théâtres, préoccupés de l'encaissement, leurs déjections intellectuelles, — mais pour ceux-là qui, obscurs et inconnus, avec du talent et du courage, ont besoin d'un pouvoir qui les aide, d'une influence qui les mette en lumière et en valeur?...

Quand un monument tremble sur sa base, on l'étaye. Quand un arbre souffre de quelque abordage, on panse sa blessure comme si c'était un homme. Eh bien, quand un art qui eut sa gloire, qui en donna à un pays et qui pourrait en donner encore, entre en décadence, c'est à une protection éclairée et connaisseuse, c'est à une entente et à des influences supérieures, d'arrêter les tristes progrès de cette décadence et d'empêcher au moins qu'elle se précipite! Mais quand l'Administration, qui pourrait tout ce qu'elle voudrait, si elle voulait, ajoute ses fautes, ses incapacités, ses avidités bêtes, ses incuries fainéantes, à ce *mal* de l'art qui meurt de lui-même, alors, c'est encore une fois le vieux lion rendant son dernier souffle sous le pied de l'âne!

Et nous avons des écuries tout entières pleines de ces pieds-là!

III

Permettez-moi, en passant, de vous le dire, mon cher Ganesco, puisque vous m'avez octroyé, avec une bonne grâce généreuse, la liberté de mon franc parler au *Nain jaune* : vous avez beaucoup soutenu en ces derniers temps, dans votre journal, la cause de cette misérable vieillerie... revenue, qu'on appelle le Matérialisme, et qu'on a saluée comme une nouveauté avec un enthousiasme que je trouve un peu jeune. Mais c'est précisément de Matérialisme que le Théâtre actuel se meurt, et vous qui vous plaignez comme moi de la ruine et de l'abjection du Théâtre, vous ne le voyez donc pas et vous n'en accusez pas votre philosophie! Le Matérialisme, en effet, règne à la scène maintenant, en attendant qu'il règne sur le monde comme il n'y a jamais régné, même au xviii⁰ siècle.

Au xviii⁰ siècle, on ne cessa pas de comprendre une minute les grandes conditions essentielles de l'art dramatique. Diderot lui-même, ce satyre fumant d'un Matérialisme enivré, Diderot, l'auteur du *Père de famille,* ne les méconnut pas. Pour Diderot, comme pour les autres matérialistes d'un temps que nous voulons surpasser, le fait le plus pathétique ou le plus tragique ne produisait son effet à la scène que quand des préparations, des définitions approfondies avaient communiqué la vie morale aux personnages du drame et leur avaient créé une entité, une originalité, un *caractère.* Le caractère et la passion s'entrelaçant, se prenant à bras-le-corps dans une lutte superbe, tel était le but et les moyens du drame, quels qu'en fussent d'ailleurs les péripéties et le dénouement. On n'avait pas encore songé à substituer à ce jeu profond des passions et des caractères, kaléidoscope de l'âme humaine, — de l'âme infinie, — l'intérêt brutal et stupide des situations, des portes ouvertes et fermées, les escarmouches de l'anecdote, et à remplacer les assises immortelles du drame par les chausses-trapes de l'imprévu. Pour cela, il fallait le xix⁰ siècle, et un ineffable matérialiste de sa façon !

Ce matérialiste, inconscient de lui-même proba-

blement, car pour être conscient, il faudrait être
réfléchi, et il l'était comme un vaudevilliste, ne
paraît donc pas aussi majestueux que beaucoup
d'autres matérialistes qu'on est en train de respecter ; mais je vous jure que les autres, qu'ils s'appellent comme ils voudront, n'ont pas certainement
à leur manière le dixième d'influence que celui-
ci exerce à la sienne! Nabot colossal, qui reste
nabot quoiqu'il soit devenu un colosse; un colosse
comme il est un homme d'esprit, du reste, quoiqu'en art dramatique, en grand art, ce fût positivement un idiot. Cet idiot — le coryphée du
siècle et des cabotins — a intronisé pour jamais
peut-être sur la scène française des pantalonnades
qui ont singulièrement favorisé et caressé toutes
les paresses des spectateurs ignares et vulgaires,
des femmes surtout, des femmes en masse, et, par-
dessus le marché, celle des Directeurs de Théâtres,
auxquels il est bien plus aisé de juger de l'effet
d'un traquenard de situation que des analyses
transcendantes du milieu moral et des caractères,
— enfin, celle de l'acteur lui-même, qui porte avec
infiniment plus de légèreté les ficelles de l'imbro-
glio que les gigantesques replis de sentiments
contradictoires qui s'enroulent et s'enfoncent dans
les abîmes du cœur humain! Scribe a donc tout
pris d'un seul coup de filet, non que son bras fût
puissant ni que son filet fût vaste, mais parce

qu'il pêchait dans les bas-fonds de la sottise et de la lâcheté intellectuelles. Trouvé charmant par les crétins, la coqueluche de la Bourgeoisie, Scribe a créé une chose qui portera longtemps son nom, — le *scribisme*, — une pitié pour qui pense! mais pour qui veut pénétrer au Théâtre et s'y établir au nom d'un talent vigoureux et vrai, un obstacle. — Parmi les impuissants qui ont fait du mal à quelque chose, il n'est personne qui en ait fait plus que lui à l'art dramatique, qu'il croyait bonnement son art... Personne non plus qui ait dépravé intellectuellement plus d'esprits sur une plus large surface. Guérira-t-on jamais de Scribe, de cet *acarus* dramatique?... On peut en douter.

Et cependant, l'étude de l'être moral, l'observation du cœur humain dont il a dispensé son école (et son école, c'est tout le monde, maintenant!), sont-elles, au point de vue du succès, — oui! même de la mendicité du succès, — un empêchement, un bâton dans les roues, une cause de non-réussite, un écueil?... Non! sans doute. Je n'ai pas beaucoup de goût pour les foules, depuis celles des hommes jusqu'à celles des bœufs, mais je reconnais volontiers que dans les sentiments généraux qui sont justement l'étoffe dramatique, les foules ne sont pas *plusieurs*, mais *un*. Elles sont l'homme même, et, en elles, une partie des sentiments humains va instantanément se reconnaître comme par une révélation de soi par soi et en soi. Le tout est de frapper juste et de dire vrai. Profond mystère! « Où vous serez réunis en mon nom, je serai avec vous, » — a dit l'Esprit.

Mais c'est l'Esprit. Ce n'était pas une *situation*. — Les situations sont muettes, et les trucs de la surprise ne parlent pas plus qu'ils n'inspirent.

IV

Ainsi, premier mal du Théâtre, le Matérialisme et le Scribisme, — qui n'est autre chose que l'expression la plus bornée du matérialisme dans l'ordre des faits et des combinaisons de la scène, comme le positivisme en est l'expression dans l'ordre de la philosophie, et le réalisme dans l'ordre de la peinture plastique ou littéraire... Mal universel et terrible qui menace d'être plus fort que le public, lequel commence à manquer au Théâtre et qui pourrait y manquer tout à fait demain. Le public, c'est-à-dire l'intelligence du public, reste encore, en diminuant chaque jour, au Théâtre, et aussi quelques larges esprits d'assez de sensibilité pour répondre à la touche fondamentale des vibrations d'un parterre, mais cela n'a pas suffi, en fin de compte, pour empêcher la scène française d'être si honteusement stérile depuis dix-huit ans !

Depuis dix-huit ans, l'imbécillité des juges-jurés en matière d'art dramatique, l'échelle de Jacob des bêtises sur laquelle il en monte et il en descend d'angéliques, tant elles sont accomplies! la sordidité des Directions, sont des points que, de près comme de loin, je veux toucher au *Nain jaune*, mon cher Ganesco. Depuis M. Doucet, l'administrateur général des Théâtres, jusqu'aux vice-Directeurs de ces Directions qui ont tant de vices et qui ont encore celui-là, ces bailleurs de fonds supplémentaires à l'insuffisance des subventions, qui cachent les plus grotesques, mais les plus positives des influences dans les pénombres de leurs sacs, nous ferons une revue complète. Je l'ai assez indiqué dans cette lettre : il n'y a pas à la décadence du Théâtre, en France, que des causes abstraites. Il y en a d'autres, en chair et en os.

A tout seigneur tout honneur! Nous commencerons un de ces jours, comme de juste, par les deux Théâtres-Français.

Le 17 juin, à Paris.

P. S. — Arrivé d'hier, je suis, le soir, allé, sur la foi de l'affiche, au Théâtre-Français. On devait y donner Molière et Beaumarchais: le *Misanthrope* et le *Barbier de Séville*. C'était rentrer par un Arc de Triomphe dans ma fonction, comme on peut rentrer, par un autre, dans Paris. Malheureusement, Bressant étant malade au moment de jouer, je n'ai vu que le *Misanthrope* et Lafontaine. Ah! l'Arc de Triomphe du *Misanthrope!* Jamais plus petits myrmidons d'acteurs n'ont passé par dessous... Ç'a été lamentable. Tous ces gens-là, qui ne sont pas plus mauvais que d'autres dans le paletot et la prose moderne, deviennent détestables en habit Louis XIV, et concassent leurs lourdes mâchoires contre ces beaux vers d'or plein et pur dont aucun d'eux n'a su dire un seul... mais un seul, ma parole d'honneur! Lafontaine, qui, pour jouer l'*Homme aux rubans verts*, s'était mis tout en vert, ressemblait, agrémenté de jaune, à un gros perroquet de la rivière des Amazones. Seulement, il a été mauvais, même comme perroquet; car il ne savait pas son rôle. Il a hésité, bredouillé, barbouillé, forcé le souffleur à crier à tue-tête, et son oreille n'a pas même eu l'esprit d'entendre le souffleur. Deux fois, les vers de Molière sont restés estropiés dans cette bouche indigne de les prononcer.

Sans verve, sans passion, sans intelligence, disant un mot aujourd'hui, l'autre demain, disgracieux, lourd, enflant ses joues comme s'il jouait de la cornemuse, ouvrant des narines comme s'il allait jeter de l'eau par là comme un poisson, et la bouche comme s'il allait avaler la mer, il a été insupportable, même à lui-même. Car il est évident pour moi, qui l'ai bien observé, qu'il avait conscience de sa prodigieuse médiocrité, et cette bonne chose ne l'embellissait pas... Mlle Madeleine Brohan, que j'avais trouvée spirituelle et presque étincelante dans *Bataille de dames* et qui osait jouer Célimène, avait des diamants sur le front, mais sur la tête, plus haut, le spectre de Mlle Mars que j'y ai vu flottant, était, tout spectre qu'il fût, plus beau qu'elle et éteignait tout... Mlle Brohan a des manières de rire quand elle a fini de dire ces vers, les plus gracieux peut-être qui aient jamais été mis par le génie sur des lèvres de femme ; elle panache ces divines choses d'un petit rire, qu'elle croit irrésistible.

Le spectre de Mlle Mars au-dessus de sa tête la regardait avec des yeux tristes. Il aurait pu rire aussi. Mais il ne riait pas...

AGAMEMNON — L'ABIME

26 juin 1868.

I

Je ne connais pas de symptôme plus expressif de l'état désespérant... et peut-être désespéré du Théâtre (car j'en voudrais douter encore), que ce que je viens de contempler ce soir, avec étonnement, à la Comédie française. On y jouait une tragédie, — oui! une tragédie en trois actes, et cette tragédie s'intitule intrépidement, impudemment : *Agamemnon!*

L'Académie française, donnant la définition du mot *âne* dans son Dictionnaire, l'appelait pudiquement, et probablement par respect pour elle-même, un animal assez connu... Comme l'âne en histoire naturelle, Agamemnon, en histoire dramatique, est aussi un animal assez connu. Et cependant on a trouvé qu'il ne l'est pas assez encore, et on a redonné une fois de plus l'animal en question au Théâtre-Français. L'*Agamemnon* de ce soir n'était pas une Reprise, quoique nous soyons voués aux Reprises... Ce n'était pas du tout l'*Agamemnon* de Népomucène Lemercier, ou plutôt d'Alfieri, discrètement détroussé par Lemercier, qui n'en a jamais rien dit, le *panhypocrite!* et dans lequel Agamemnon, ès premières années de ce siècle, Ligier, — Talma-Petit-Poucet, — faisait ses débuts de jeune homme. Non! l'*Agamemnon* en retour de ce soir était un *Agamemnon* tout flambant neuf, — à la fois antique et moderne, — un vieux pot de bric-à-brac ancien, frotté par un Ramonenc littéraire pour le faire reluire et l'exposer dans cet éventaire vide du Théâtre-Français, où nous ne trouvons plus que du vieux-neuf léger comme des *Revanches d'Iris* et des *Coqs de Mycile*. En d'autres termes, c'est l'*Agamemnon* de Sénèque, arrangé et rimé par M. de Bornier, bibliothécaire à l'Arsenal et lauréat d'Académie. Jugez que de choses puissantes sur l'imagination du public! Agamemnon d'abord! puis Sénèque! puis M. de Bornier! Il y a vingt à trente ans, ces choses toutes-puissantes l'auraient ratée... l'imagination publique. La salle du Théâtre-Français aurait été parfaitement vide, si la direction de M. Vedel, par exemple, s'était avisée de donner aux Romantiques du temps une Agamemnonade quelconque, regrattée du latin par un bibliothécaire alexandrinant vaille que vaille pour les Instituts.

Mais aujourd'hui! aujourd'hui! la salle du Théâtre-Français était pleine. Elle était pleine par une chaleur accablante et abêtissante d'orage qui nous idiotisait tous à l'avance, comme pour nous mettre mieux en harmonie avec la pièce qu'on allait jouer. Les femmes, accablées, respirant à peine, malgré la suppression des corsets et leur remplacement par la ceinture de Mlles de Vertus (quel bon nom, par parenthèse, pour des faiseuses de ceintures!), les femmes, les cheveux très défrisés et le maquillage coulant comme confitures sur leurs visages charmants et s'en allant à tous les diables, supportaient tout dans la perspective d'entendre et de voir cette chose d'un intérêt si palpitant, si actuel et si neuf: l'*Agamemnon-Sénèqua-Bornier* ou *Bornier-Sénèqua*! Les hommes, moins liquéfiés, avaient l'air solennel d'Académiciens en habit noir... Ils se préparaient à pontifier en écoutant... La gravité, l'attention, le pédantisme qui se prépare à jouir, le rengorgement, rien ne manquait à ce régal qui voulait être de la haute graisse littéraire, à cette galimafrée d'alexandrins qu'on nous a servie en ces assiettes plates de trois actes, et que nous avons avalée sans tourdions de plaisir, — c'est vrai, — mais avec un sérieux bien honorable et sans qu'il soit rien resté, malheureusement! de ce brouet, dans la gorge des acteurs. Tout a passé !

Eh bien, je l'ai dit et je le répète sans avoir peur de me tromper, voilà un symptôme! voilà qui prouve mieux que le reste l'état moribond du théâtre, puisque le public, qui souffre tout depuis si longtemps, non seulement souffre encore cela, mais s'y prête — complaisamment — comme il a fait ce soir. Était-ce pitié pour ce mourant qui se retourne dans son lit, et qui, à force de s'y retourner, se remet sur son vieux classique ? Toujours est-il, il faut le constater, que personne n'a ri en voyant ce pauvre dernier geste que fait le Théâtre dans la pièce de M. de Bornier. On s'est tenu à quatre dans l'ennui. On a bâillé en dedans. On a été convenable. L'insipidité et la sueur n'ont pas empêché quelques jeunes gens dévoués, piqués, çà et là, aux galeries, d'applaudir avec l'indiscrétion de leur âge. J'en avais même un tout près de moi qui était comme le moustique de l'applaudissement. On l'a laissé faire son petit bruit ridicule et importun avec beaucoup de douceur et de compatissance, et ce qu'on eût sifflé outrageusement à une autre époque, peu éloignée encore, on l'a écouté sans qu'aucun sifflet, je ne dis pas romantique, mais seulement vivant, ait une seule fois protesté !

Trop couronné à l'Académie pour avoir l'invention, la passion, l'esprit et la vie qu'on n'y connaît pas, M. de Bornier est une bouture qui a repoussé de cette jolie famille de végétaux dramatiques fleurissant sous le premier Empire : les Jouy, les Luce de Lancival et les Carion de Nisas. On croyait cette famille disparue. Elle ne l'est point. Elle recommence, petitement et isolément encore, mais il ne lui faudra pas beaucoup de temps pour se faire nombreuse. Après l'*Agamemnon* de M. de Bornier, rien dans ce genre n'est impossible et tout peut réussir. M. Thierry ne le croyait pas tout d'abord, disait-on, autour de moi, ce soir. On racontait qu'il s'était fait longtemps tirer l'oreille avant de risquer l'audacieuse vieillerie de M. de Bornier. Mais M. de Bornier a la patience des rats et des cloportes de sa bibliothèque de l'Arsenal. Pour faire sa pièce d'*Agamemnon*, il ne s'est pas contenté de ronger du Sénèque ; il a encore rongé du Thierry pour la faire jouer.

II.

Les acteurs qui jouent dans l'*Agamemnon* de M. de Bornier n'existent point. Ce sont des larves d'acteurs jouant des larves de rôles. Excepté Mlle Ponsin, qui a un bout de nom commençant à sourdre, tous les autres n'en ont point, et, s'ils ne changent, ne s'en feront pas. Le nom d'un homme n'est rien s'il n'est pas un clou auquel la mémoire attache une idée et suspend une personnalité. Les acteurs de la pièce acéphale de M. de Bornier sont anonymes. Comme l'abîme appelle l'abîme, le rien appelle le rien, et il l'a trouvé.

III

Puisque je viens d'écrire ce mot d'*abîme*, laissez-moi vous parler de celui de Dickens, qu'on joue en ce moment au Vaudeville. Ils l'ont représenté pendant mon absence, et la vie va si vite à Paris, — elle va comme la mort, — que si vous retardez d'une heure sur un fait quelconque, il n'y a plus là personne à vous écouter. L'*Abîme* de Dickens est à présent connu comme le loup blanc, — le loup blanc du succès; car c'est un succès. En parler maintenant, c'est se donner l'air vieux, l'air le plus exécré à Paris où l'on dit vieux pour laid, comme en Russie, pour beau, on dit rouge. Je n'entrerai donc pas dans le détail de ce mélodrame raconté, éventré et disséqué déjà par je ne sais combien de feuilletons; j'arriverais trop tard. Mais je l'ai vu hier, et je ne puis m'empêcher de vous glisser un mot sur cette pièce grossière, qui, comme une pièce sans idée qu'elle est, s'appelle l'*Abîme*, du nom de son dénouement, lequel n'est qu'un tableau, — physiquement un tableau! C'est le mélodrame dans toute sa pureté ou son impureté originelle, le mélodrame qui n'est pas plus anglais que français, mais qui est le mélodrame, c'est-à-dire l'action abstraite, furieuse, mêlée de surprises, une espèce de mécanique à émotion combinée pour vous détraquer les nerfs et le cœur.

Cette mécanique-là se confectionne aussi bien à Paris qu'à Londres, et nous avons pour notre compte je ne sais combien de mélodrames qui valent mieux que celui de Dickens; quoique Dickens, cet esprit vulgaire et dont la popularité ne s'explique en Angleterre que par son immense vulgarité, soit, de nature, un melodramaturge même dans le roman. Le succès de la pièce jouée à l'heure qu'il est au Vaudeville n'est nullement un succès de pièce anglaise, comme je m'y attendais, marquée du caractère anglais, de l'homme et de sa race. C'est une pièce, au fond, sans individualité d'aucune sorte, dont les types sont les mêmes — honnêtes gens et coquins — que ceux que nous avons vus cent fois dans nos mélodrames français, et, il faut le dire, — quoique les pièces de l'échiquier aient une manière de se déplacer qui indique une main souple, — à peu près dans les mêmes combinaisons.

Nul esprit là dedans, car l'esprit existe avec des nuances différentes aussi bien pour l'Angleterre que pour la France, nulle imagination supérieure ni dans les caractères ni dans le style, nulle observation que de la plus petite espèce : l'observation des plus plates, des plus minimes, des plus ineptes réalités. Et c'est peut-être, du reste, l'explication du succès de ce mélodrame auprès de beaucoup d'esprits qui ne sont guère capables de voir et de goûter que les réalités à leur portée, les choses qui sont, exactement, à leurs pieds.

L'Originalité dans Dickens, s'il nous avait fait une chose profondément anglaise, ou mieux qu'anglaise, grandement humaine, n'aurait pas trouvé l'émotion si facile ni l'applaudissement si généreux. Mais avec ces vieux ressorts de mère qui cherche son fils, l'enfant substitué; de voleur qui prend des papiers la nuit, dans une auberge, sur la poitrine de l'homme de tous les mélodrames, éternellement endormi avec le même opium ; et principalement avec le panorama de la fin et la culbute dans l'abîme, moyen d'en finir qui ne manque pas de nouveauté dans l'art des trucs, nous n'avons pas été dépaysés. Nous avons, chauvins sans le savoir, salué le mélodrame français retrouvé dans une pièce anglaise, et, ravis comme des enfants qui aiment les masques pour les soulever, nous avons été charmés de reconnaître Dennery, cette physionomie qui nous ennuyait un peu à force de la voir, sous le galbe étranger de Dickens!

IV

Et puis, la pièce est fort bien jouée. Berton et Desrieux y luttent de talent. Ils élèvent des rôles énergiques, dont l'un est commun et l'autre est bas, à une hauteur dont ne se doutait guère Dickens lui-même, quand il les composait. Desrieux est un parfait gentleman, et Berton, un coquin d'une encolure presque imposante. Munié, dont le rôle est très ingrat, car il touche à la manie, a su introduire des *nuances dans l'idée fixe* que ce rôle exprime, et cela n'était pas aisé. M{{lle}} Cellier, très vignette anglaise, plus Anglaise à elle seule que toute la pièce, qui ne l'est point (il n'y a pas même une plaisanterie anglaise, une plaisanterie de vrai terroir, quoiqu'on y rabâche sur le vin de Porto !), a de la distinction blonde, fine et mince, et m'a fait me demander si on se créait une voix ; car celle que je lui ai entendue hier, je ne la lui connaissais pas... M{{me}} Vigne, qui tient le rôle de Sarah, le tient à merveille. On ne le lui prendrait pas.

Mais, disons-le pour être juste, le meilleur comédien de cette soirée de bons comédiens c'a été Parade, dans son rôle de garçon de cave, et plus Anglais encore que M{{lle}} Cellier n'est Anglaise. Parade s'est fait un teint anglais, une rousseur et une calvitie anglaises, un sang-froid anglais, et tout cela sans la moindre caricature. Son calme est plus comique que de la verve et donne à son rôle une bonhomie charmante, relevée çà et là par quelques vigoureux coups de boutoir où se reconnaît le Saxon. C'est un chef-d'œuvre de composition et d'entente des détails que ce rôle de Parade. Dans ses scènes d'amour avec Sarah (M{{me}} Vigne), il a des naïvetés, des gaucheries et des jeux de physionomie pour lesquels vraiment on l'embrasserait, et on est presque étonné que Sarah (Mᵐᵉ Vigne) ne le fasse pas et puisse lui opposer si naturellement la petite austérité de son chaste personnage. Ah! qu'un bon comédien peut nous donner de plaisir quand il est en accord parfait avec le rôle qu'il joue, et combien il est agréable de le lui dire, quand un jour il nous en a donné!

LES PRÉFACES
D'ALEXANDRE DUMAS

LA CZARINE

4 et 5 juillet 1868.

I

L'événement dramatique de cet instant suprême où les Théâtres ferment leurs boutiques, et où acteurs et actrices, congédiés, décampent et vont faire en province leur petit *Roman comique* ou... ennuyeux, ce sont les préfaces de M. Alexandre Dumas fils. Rien ne fait plus de bruit que cela pour l'heure... Ce Maître de la mise en scène a très bien vu que ce temps de vacances théâtrales, où nuls chefs-d'œuvre — pas même les siens — ne se rappellent, par la représentation, au souvenir et à l'imagination du public, était le moment le plus propice qu'il pût choisir pour lancer, au milieu du silence des différentes scènes françaises, cette cascade babillarde de préfaces à laquelle les journaux, cruches si souvent vides, ont fait immédiatement cuvette.

On se rappelle qu'il y a quelques mois, M. Dumas fils publia, dans le premier volume de son *Théâtre*, à propos de la *Dame aux Camélias*, une préface sur la corruption de ce temps qui eut le succès qu'aura toujours une corruption bien décrite; car, après le plaisir d'être corrompu, qui n'est pas mince, le plus grand, vous le savez bien, c'est de regarder sa corruption. Nous aimons ces photographies. Le succès très vif de cette préface aura mis en goût M. Dumas, et, lui dont le défaut n'est pas l'abondance, voilà qu'il nous a lâché, en une fois, je ne sais combien de préfaces! On en est inondé. D'Alembert n'en fit qu'une, qui lui rapporta, il est vrai, de se croire un grand homme, chose bien douce :

> Et ce lourd d'Alembert, chancelier du Parnasse,
> Qui se croit un grand homme et fit une préface!!

Mais, au train que font les siennes, M. Alexandre Dumas fils peut se croire plusieurs grands hommes à la fois, — autant de grands hommes que de préfaces! Quelle collection! Malgré l'humilité ordinaire à tous les préfaciers, et que

M. Dumas professe comme tous les autres (voir sa préface du *Fils naturel*), je ne crois pas à cette humilité de première page... Qui se préface se prélasse, — et M. Dumas se prélasse ici jusque dans ses amourettes de quinze ans, par parenthèse un peu niaisettes, et qu'il nous raconte avec le nonchalant sans-façon qu'on met à fumer une cigarette. M. Dumas a la prétention, plus justifiée, hélas ! par ses préfaces que par ses pièces, d'être un moraliste vigoureux, et il souffrira bien, j'espère, une réflexion de moraliste que je vais me permettre : c'est qu'on ne s'est jamais, véritablement, balancé mieux que lui en ses préfaces, dans un plus voluptueux hamac de personnalité heureuse, mais non pas endormie !

> Sarah, belle d'indolence,
> Se balance
> Dans un hamac, — au-dessus
> Du bassin d'une fontaine
> Toute pleine
> D'eau puisée à l'Illyssus !

Sarah, ce n'était qu'une fillette, et M. Dumas est un auteur ! Sarah n'avait pas... fait le ruisseau dans lequel elle mirait son nez rose. Mais M. Dumas est Sarah et l'Illyssus tout ensemble. Sarah dans ses préfaces : « qui se penche pour se voir », et l'Illyssus, dans ses pièces !

II

Une fois constatés, je n'aurais rien à dire, du reste, de ces épanouissements d'amour-propre. Puisque le public s'intéresse à vous et vous écoute, vous faites bien de lui parler de vous. Il faut crever les badauds sous soi.

Mais pour qui n'est pas un badaud qu'on crève ou qu'on veut crever, il n'y a vraiment en toutes ces préfaces qu'une seule qui soit *en situation* dans un recueil de comédies et de drames. Dans toutes les autres, M. Dumas se livre à toutes les expansions d'un moi gonflé qui se dégonfle et qui prend ses aises comme chez lui. Soit qu'il nous y décrive une seconde fois cette fameuse fille nue qu'il nous avait déjà montrée dans son *Affaire Clémenceau* et qui n'est pas du tout une invention, mais une rencontre; soit qu'il s'y engage en des dissertations d'une si prodigieuse philanthropie sur le but de l'Art qu'on finit par trembler pour la netteté de l'observation et la force de tête de l'auteur dramatique si préoccupé des progrès de l'humanité; soit enfin (oyez ceci, bonnes âmes!) que, pauvre infortuné littéraire qui

n'a jamais réussi à rien, comme on sait, il se
mette tout à coup à déclamer lyriquement — lui !
l'esprit le plus éloigné par sa nature de toute espèce de déclamation et de tout lyrisme, — sur les
malheurs de la vie littéraire, et cela de manière à
rappeler le vers ineffable de Mme de Girardin :

Vous ne connaissez pas le malheur d'être belle !

Nous donnant, d'ailleurs, — le croirez-vous jamais ? — pour exemple des atroces douleurs atta-
chées à la vie littéraire, la destinée de M. de Lamartine, de M. Victor Hugo, de Mme Sand et de son père
à lui, M. Dumas, — c'est-à-dire, pour le dire d'un
seul mot, des quatre personnes les plus insolemment heureuses de toute la littérature de ce siècle.
M. Alexandre Dumas fils ne semble-t-il pas, en
se permettant tout cela, raser de bien près un
ridicule, et ses préfaces ne pourraient-elles en
paraître, du coup, plus comiques que ses comé
dies ? Heureusement, comme nous l'avons dit, que
parmi elles il s'en trouve une sérieuse qui le venge
de celles qui font rire, et c'est celle-là dans laquelle M. Alexandre Dumas nous parle si compé-
temment de l'art dramatique et nous en donne la
théorie.

Ah ! ici, plus de faiblesse de préfacier. L'esprit
de M. Dumas a repris toute la fermeté de sa
trempe. Quoique l'auteur du *Demi-Monde* ne soit

pas ce qu'on peut appeler un esprit synthétique, une tête d'ensemble; quoiqu'il ait des prétentions (que je crois nouvelles, du reste), à la hauteur des vues morales et à la profondeur des déductions philosophiques, lesquelles, je le crains bien, resteront des prétentions; cependant, je ne le nierai point, c'est un esprit aigu, qui, quand il s'applique, peut pénétrer avant... Il a réfléchi sur son art. Sa théorie d'aujourd'hui, faite au Théâtre, tirée des autres et de lui-même, est mathématiquement vraie au fond, et, de forme précise et légère tout à la fois. C'est un chef-d'œuvre. On n'est pas plus technique et on n'est pas moins pédant. Toutes les conditions de l'œuvre dramatique y sont énumérées, et l'équation entre le métier et le talent, entre le corps et l'âme du drame, entre son inspiration et son agencement, magistralement, et en même temps, chose rare, même aux maîtres! spirituellement posée. Seulement, le plus grand mérite de cette théorie de M. Dumas, que je ne lui liarde point — vous le voyez! — est surtout — ne vous y trompez pas! — d'arriver au moment juste où elle arrive, et où l'on a le plus besoin d'elle pour en finir avec cette influence de Scribe que nous signalions, l'autre jour encore, comme la plaie du temps et le mal dont le Théâtre meurt!

III

Oui! disons-le bien haut et insistons là-dessus : — l'importance actuelle de la préface et de la théorie de M. Dumas, ce n'est pas uniquement l'opinion qu'on y trouve sur Scribe, ce roi bourgeois de la scène, cet *amuseur*, cet *escamoteur*, comme il le darde et comme il l'appelle; sur ce *Shakespeare des ombres chinoises,* comme il l'appelle encore, — ce que tout le monde a trouvé immédiatement charmant, et ce qui me paraît, à moi, une légèreté contre Shakespeare... Shakespeare n'a point mérité cela!

L'opinion de M. Dumas, exprimée au long aujourd'hui, n'est point une opinion solitaire qui sort de sa caverne, et qui, comme le diamant, trouve son rayon avec le jour. D'autres, avant M. Dumas, l'avaient exprimée et même avec plus de mépris que lui; car l'homme qui a dit que l'idéal dramatique serait « de connaître le *Théâtre* comme Scribe et l'homme comme Balzac » ne méprise point Scribe. Il le met seulement à sa place; il le met pour une moitié dans l'œuvre dramatique, et le second. Mais par cela seul qu'il le met second, cet homme traité depuis si longtemps comme le premier par les Directions et par les publics; par cela seul qu'un jugement qui le classe, ce *Shakespeare* des ombres chinoises, a été formulé avec ce mordant par un homme de l'autorité exagérée de M. Dumas (car je la crois exagérée), l'opinion générale sur Scribe peut tout à coup s'en trouver modifiée. M. Dumas fils, que d'aucuns croient l'homme fort du Théâtre actuel, frappant sur Scribe, le déconsidérant, le faisant descendre, serait plus capable que personne d'amener une révolution dans les préjugés et les habitudes dramatiques de ce temps. — Et si cela était, à ce prix je ne regretterais certes! point qu'on eût exagéré l'autorité et la force de M. Dumas.

IV

5 juillet.

Ils jouent toujours la *Czarine* à l'Ambigu, et je ne suis allé voir qu'hier cette pièce, représentée pour la première fois pendant mon absence. Que voulez-vous que je vous dise de cette monstrueuse bêtise à la mécanique, dans laquelle l'acteur intéressant, l'acteur qui passionne le public, est un monsieur en caoutchouc qui joue aux échecs? Les auteurs qui ont écrit cela sont-ils aussi en caoutchouc? C'est bien à croire, en entendant leur pièce...

Dans ce drame à la Robert-Houdin, où il y a des cabinets qui parlent et qui répètent tout ce que l'on dit à côté, ce qui fait un faux truc et rend la mécanique aussi bête et aussi menteuse qu'un homme, Mme Marie Laurent, qui a une âme, a eu le courage de prendre un rôle ou la faiblesse de l'accepter. C'est elle qui joue Catherine II, — et quoiqu'elle y mette la conscience, l'intelligence, la tenue, un costume trois fois changé et trois fois splendide, et des yeux, des yeux très certainement plus beaux que les yeux de Catherine, qui, décrits par Rulhière, sont cependant si beaux, elle ne se retrouve pas dans ce rôle vide, sans idée, sans passion, sans langage. Elle avait l'air de se chercher là dedans, et moi je l'y cherchais... Je savais que la sublime poissarde que j'ai tant applaudie l'autre jour pouvait faire une Impératrice. Je voulais la voir dans Catherine II. Grâce à la platitude de ce rôle manqué par les auteurs, aussi incapables de le concevoir que de l'écrire, je ne l'y ai pas vue, — mais je l'y ai rêvée.

LA BOHÈME D'ARGENT

8 juillet 1868.

I

Consommatum est! Je viens de voir jouer probablement la dernière *première représentation* de l'été 1868. C'est le petit Théâtre Cluny qui l'a donnée, ce courageux petit Théâtre qui ne peut pas fermer, lui, quand les autres théâtres ferment... Hélas! il sera, malgré tout son courage, obligé, peut-être, à fermer comme les autres. La pièce que voici le ferait croire. Cette pièce, sur laquelle il comptait, n'a pas deux mois de vie dans son pauvre petit ventre. On vient de la siffler. Ainsi, le dernier soupir de la saison théâtrale a été un coup de sifflet.

Quand je dis un, — il y en avait bien deux...

deux très nets, très accentués, sur d'autres confus, timides, aux regrets; mais deux brutaux, redoublés, rugissants comme le sifflet des locomotives au départ. C'était le départ de la pièce pour tous les diables, où elle m'a bien fait, ce soir, l'effet d'aller, et grand train encore! Elle est pourtant de deux hommes d'esprit, cette pièce... L'un est M. Charles Narrey, l'auteur de cette petite chose charmante — *Comme elles sont toutes!* — que l'autre jour Mlle Blanche Pierson et Mlle Angelo jouaient comme deux anges, si les anges jouaient la comédie (ils la jouent très bien, à ce qu'il paraît, mais quand ils sont tombés); et l'autre... ah! le *Nain jaune* le connaît, l'autre! C'est M. Théodore de Langeac, qui a écrit, ici même, du temps d'Aurélien Scholl. C'est un vétéran, un vieux de la vieille au *Nain jaune*. Eh bien, tous les deux, MM. Charles Narrey et Théodore de Langeac, trouveront ici l'expression d'une sympathie attristée; car l'amitié ne peut pas avoir la moindre illusion sur le compte de leur pièce. Disons-leur tendrement qu'elle est détestable, et demandons-leur d'en faire une autre. Ils en sont bien capables! Après ce qu'ils viennent de faire ce soir, et dont je les croyais, par exemple, absolument incapables, ils sont bien capables de faire aisément mieux. Ils doivent même être, à présent, capables de tout.

II

Leur pièce d'aujourd'hui, qui s'appelle la *Bohème d'argent*, et qui, pour les auteurs, — je le crains bien, — ne réalisera pas son titre, devrait s'appeler tout uniment la *Bohème.* Pourquoi *d'argent?* Elle n'est pas plus d'argent, la leur, que toutes les Bohèmes; — car c'est cette Bohème qui est une Burgravie, la centenaire Bohème qui existe dans toutes les pièces et dans tous les romans qu'on nous *flanque* à la tête depuis quarante ans! Les *Bohèmes d'argent* sont sans argent, comme tous les Bohèmes, et courent après l'argent, et, pour en avoir, que ne font-ils pas dans la pièce de MM. Narrey et de Langeac!... J'avais cru tout d'abord que c'était là une comédie, mais dès les premières scènes je me suis bien aperçu que c'était un mélodrame de la pire espèce, — un mélodrame bourré jusqu'à la gueule de tout ce qui doit les faire immanquablement éclater, ces vieux mousquetons... Aussi a-t-il éclaté, celui-ci, mais dans le rire... un rire final qui ne manquait pas de bonhomie, du reste. Si le cinquième acte avait duré seulement dix minutes de plus, nous allions causer avec les acteurs en scène et les entraîner dans la risette universelle.

L'originalité, qui n'était pas dans la pièce, était dans la salle. Il faut que ces diables de Narrey et de Langeac soient des gaillards très aimables et très aimés, pour qu'on fût venu, malgré la chaleur, écouter leurs cinq actes dans cette boîte du Théâtre de Cluny, où, par parenthèse, l'odeur du gaz asphyxiait! Il y avait là, pour les juger, toute la littérature dramatique en armes, — et en armes très peu chargées et très peu menaçantes... On ne les chassepotera pas demain... Plus, tout un monde de très jolies femmes, charmantes d'indulgence, de bonne volonté, de miséricorde, et prêtes à recevoir sur leurs genoux, en guise de matelas, la pièce qui allait tomber, pour qu'elle se fît moins mal. Délicieuses sœurs de charité pour l'amour-propre, en cas de malheur! et qui n'auront eu à panser que ces deux estafilades des deux coups de sifflet... Il n'y paraîtra plus demain. D'ailleurs, à ces deux coups de sifflet on peut opposer les applaudissements sur le chapeau, d'un monsieur placé à côté de moi, dans une baignoire. C'était le timbalier du chapeau! Ah! si c'est ce qu'on mérite le moins qui flatte davantage, MM. Narrey et de Langeac doivent être immensément flattés de la longanimité exceptionnelle d'un public qui a ri sans ressentiment, et presque gentiment, de l'ennui dans lequel ils l'ont plongé, durant quatre heures, avec leur pièce. Ma foi! c'est plus rare qu'un succès.

III

Vous comprenez très bien, n'est-ce pas? qu'avec la sympathie que j'ai pour les auteurs de la *Bohème d'argent* j'épargne à tous mes sentiments la douloureuse analyse de leur œuvre. En ce mélodrame, dont le sujet est la vanité blessée d'une drôlesse tragico-péruvienne, qui a été chassée d'un salon par un gentilhomme français indigné de l'y voir reçue, et qui veut se venger de cette humiliation en inspirant de l'amour à son fils, puis en voulant le faire assassiner, puis encore en l'épousant, après avoir empoisonné sa veuve, — que sais-je, moi?... en ce mélodrame, dans lequel une nouvelle exposition recommence à tous les actes sans qu'aucune action suive jamais ces expositions éternelles, je défierais bien de trouver une logique, une clarté, un filet de lumière quelconque, deux choses enfin qui s'engendrent et qui tiennent ensemble. Qu'il vous suffise seulement de savoir qu'il y a là de l'Italie, du Pérou, des passions cuites au soleil, — il y a tant de choses qui y cuisent! des usuriers (mais des usuriers qui se mettent en masque pour prêter de l'argent, pudeur d'usurier que je n'ai vue que là, et qui, de toute la pièce, est la seule chose inventée); il y a des *bravi* qui tuent pour quelques mille francs, des ruffians à sentiment et à passion fatale, des peintres réalistes, des cocottes, et un langage... un langage digne de ces gens-là! Hélas! c'est le déclamatoire ranci des mélodrames les plus *traînés*. Inexplicable obscurité de plus, dans cette pièce de trame très obscure, mais lumineuse d'absurdité, que cette langue ampoulée et plate tout ensemble du mélodrame, sous la plume de M. Narrey, cet esprit incisif et fin, et sous celle de M. de Langeac. cet esprit léger !

Ils se sont manqué à eux-mêmes en l'écrivant.

On se cotisait à l'orchestre, où j'étais, pour expliquer cette chose inouïe, qui ressemble presque à une mystification. On prétendait que la pièce n'était pas du Narrey et du Langeac actuels, mais de leur plus tendre jeunesse. Les uns disaient qu'elle avait l'âge d'une fille à marier, les autres, d'une fille qu'on ne peut plus marier. On assurait que depuis plus de vingt ans, expulsée tour à tour de tous les Théâtres qui jouent le mélodrame, cette pauvre juive errante littéraire avait enfin trouvé l'asile Cluny, où l'on n'a pas tous les jours des Mallefille à ramasser, et où l'on avait pris cette fille montée en graine, née des premiers ébats et des premières erreurs dramatiques de MM. Narrey et Langeac, pour ne pas déroger aux habitudes charitables de la maison.

Quant aux acteurs, ils ne l'ont pas jouée par charité, eux! — car les pauvres diables n'ont pas en talent de quoi la faire, — mais ils l'ont jouée comme ils ont pu, et ils sont restés sérieux, ce qui n'était pas d'un petit mérite comme difficulté vaincue, quand, autour d'eux, personne, je crois, ne l'était plus!

—

AU RÉDACTEUR

Mon cher Collaborateur,

Je trouve dans mon article *Théâtre*, sur la *Bohème d'argent*, une faute d'impression qui la commence par un barbarisme. Je ne veux pas de cette étoile!

Consommatum est pour *consummatum est!*

C'est *consummatum* aussi qu'une faute d'impresssion, quand une fois elle est faite, et je n'aurais pas protesté contre celle-ci — dans un mot français. Je suis bronzé! Mais le latin est une langue morte, et on doit le respect aux morts.

M. Duruy peut tuer légalement le latin, un de ces jours; mais nous, ne l'assassinons pas!

Tout à vous, J. BARBEY D'AUREVILLY.

13 juillet 1868.

LE MUR DE LA VIE PRIVÉE

LES MARIS SONT ESCLAVES — LES SOULIERS
DE BAL — LES AMENDES DE TIMOTHÉE

Samedi, 18 juillet 1868.

I

Ils nous ont versé, hier soir, sur la tête, le fond de leur sac de dragées, ces bonboniéristes du Gymnase. Ce n'était même plus des bonbons, — les bonbons de l'endroit, — mais de la râpure, de la poudre de bonbon qu'on donnerait à grignoter à des souris ! Quel examen quelconque, quelle critique, quel compte rendu voulez-vous qu'on vous fasse de cette littérature atomistique, — de ces *minusculités*, de ces *impalpabilités* ?... Sommes-nous donc des Lilliputiens pour qu'on joue devant nous sérieusement ces misérables petites choses ?... Et le Théâtre-Poupée dirigé par le nain Montigny est-il maintenant justiciable d'un autre journal que du *Chérubin* (pas le polisson que vous savez !), mais du *Chérubin* rose, le *Journal des Enfants*, à qui on apprend la morale comme on leur fait, à la collation, manger leur pain, en le beurrant de confitures !...

Car tel est devenu le Gymnase, le Théâtre de *Madame*, autrefois, — à présent, le Théâtre des demoiselles, — de toutes les demoiselles bien élevées de Paris, qui croient, les pauvrettes ! — et c'est aussi l'opinion de mesdames leurs mères, toujours par le cerveau des demoiselles ! — que la suprême élégance, le suprême bon ton, la suprême littérature dramatique, c'est au Gymnase qu'on les trouve. Dans l'opinion inquiète des familles, le Gymnase est le Théâtre sans inconvénients. C'est le Théâtre des petits ménages, qui donne l'envie d'en faire un. Au Gymnase, la morale qu'on fait est égale à la littérature qu'on joue. C'est de la même sincérité et du même bout des lèvres. On y parlote morale comme on y papote bonheur domestique. L'adultère, cet âpre et brûlant fond des mœurs, y est rarement consommé, mais on y badine avec. On l'y frise, mais le fer n'est pas assez chaud pour faire la boucle, — pour faire cette affreuse papillote de Méduse ! On l'y agace, mais comme Cléopâtre agaçait l'aspic, et on retire le bras à temps. Côtoyer le vice moderne, mais ne pas y entrer ; sauver de la vilaine tache

noire sa bottine de satin rose, mais l'approcher le
plus qu'on peut de ce qui fait la tache; donner
à l'innocence qui est dans la salle (quand elle y
est) le frisson du danger, qui en est la friandise,
— car quelle femme n'aime à frissonner?... c'est ce
qu'on appelle la morale du Gymnase, c'est ce qui
fait la force et tous les avantages de cet inestimable théâtre de Scribe, le *Séraphin* et non pas le
Shakespeare des ombres chinoises, comme l'a dit
M. Alexandre Dumas fils, et où la morale, comme
la littérature, est chinoise, et de toutes les ombres
chinoises de l'établissement, la plus chinoise peut-
être et la plus ombre!

Ah! Scribe!! si nous avions besoin d'un argument de fait de plus contre Scribe et ce que j'appelle le *scribisme,* pour lequel — vous l'avez vu!
— les plumes les plus bourgeoises du temps se
sont émues quand M. Alexandre Dumas fils lui
a marché sur la queue avec un pied à la Ruy-Blas,
je le tirerais, cet argument, des abominables petites
pièces que j'ai vues hier soir... Pour savoir ce que
valait un homme, regardez ses enfants! Quand on
a fait de cette marmaille mirmidonesque, allez!
c'est qu'on n'était pas un Hercule.

J'en suis bien fâché pour sa gloire! Scribe n'est
séparé de l'eunuque blanc (vous savez ce que *blanc,*
dans ce cas, veut dire), que par ces messieurs.
Quelle dentelle!

II

Faisons le compte — puisqu'il le faut — de ces puérilités !

Le *mur de la vie privée* n'est qu'une plaisanterie, — comme on en fait en France, ce pays gamin, sur les choses les plus graves, et l'une des plus graves, je l'ai dit ailleurs, c'est la loi Guilloutet. A mes yeux, à moi, c'est une loi de goût et de décence qui force les gens... à avoir de l'esprit pour dire... ce qu'ils veulent dire. Y a-t-il quelque chose de plus français et qui doive épouvanter moins des Français que cela ?... Malgré tous les vaudevilles du monde, le mur de la vie privée est si nécessaire, que ceux qui... parlent le plus contre ce mur sont en ce moment occupés à faire trente-six procès aux perceurs de murs, qui, je le sais bien, ont fait au pied de vilaines choses!... Ils ont raison, certes! de faire des procès, mais ils ont tort de se moquer de la loi qu'ils vont invoquer tout à l'heure. Et je leur pardonnerais (je suis si faible pour les choses d'esprit!) s'ils en avaient beaucoup en se moquant de cette loi, trop haute pour la plaisanterie; mais c'est le contraire...

Ils n'en ont pas. Le trait le plus spirituel de cette pièce d'occasion, de cette *gaieté* sans gaieté, c'est de n'avoir pas nommé ses auteurs.

III

Les *Maris sont esclaves*, c'est une *patauderie*, comme son titre, — l'antithèse, facile à trouver, — comme toute antithèse, — d'un phraseur de garçon qui déclame contre le mariage, — cet esclavage! dit-il, — et qui est, lui, esclave de la coquine imbécile, violente, ne sachant pas écrire et amoureuse de son coiffeur, avec laquelle il vit (je ne sais rien d'aussi odieux et d'aussi niais que ces concubins insupportables)! L'auteur s'est cru fort dans ce détail de la coquine, parce qu'il a été nauséabond. Cette donnée une fois sur le tremplin de la scène, vous voyez d'ici comme on peut la faire sauter et le parti qu'on en tire. C'est là un vaudeville sans couplets, — ces couplets qu'ils nous feront regretter, ces pédants frivoles! — un vaudeville chatouilleur dont la gaieté ne va qu'à la peau. L'auteur — qui a trouvé ce qu'on trouve toujours au Gymnase, l'applaudissement d'un public qui n'a pas assez d'esprit pour être mécontent et qui a assez bien dîné pour être bienveillant, — est, je crois, un M. de Léris. M. de Léris ! Un nom qui semble fait exprès pour la pièce, un nom providentiel pour un de ces souffleurs de bulles de savon qui soufflent pour le Gymnase, mais sous un ciel gris ! Dans cette bulle-ci, qui n'étincelait pas, se reflétait *seul* le profil de Mlle Angelo, toujours très beau ; seulement, je lui aurais voulu une autre glace... La seule chose jolie qu'elle pouvait avoir dans cette pièce, sans vrai rôle pour elle, c'était une jolie robe... et elle ne l'avait pas !

Mlle Massin en avait une, elle, dans les *Souliers de bal*, dont elle semblait, en la traînant, diablement contente ; mais c'était écœurant de roses sur rose et de franfreluches. C'était *comédienne* et pas femme du monde, à moins que ce ne soit du monde où les femmes comme il faut, pour étudier la fiancée inconnue de leur frère, se font femmes de chambre ! Mlle Massin a joué comme sa robe est jolie. Si elle la croit jolie, peut-être croit-elle avoir bien joué. Mais aurait-elle le talent le plus rare, comment jouer ces petits rôles ?... Mme Pasca, qui maigrit, hélas ! est-ce d'être au Gymnase ? Mme Pasca, qui n'a plus que sa tête intelligente, cette sérieuse Mme Pasca obligée de faire la Suzannette d'une caillette dans une piécette, m'a semblé une ironie Montigny un peu trop forte.

Thèse générale, il n'est pas permis à la bêtise d'un Directeur d'être impertinente ; il ne lui est permis que d'être la Bêtise. Je comprends les forçats et leur boulet et qu'ils respectent leur ban. Mais je ne comprends vraiment pas que M⁻ Pasca reste plus longtemps la forçate du Gymnase, si on lui attache de pareilles boulettes au pied !

Celle-ci est de M. Gastineau. Encore un bon nom du Gymnase! M. Gastineau, c'est du Scribe... *gâtiné !*

IV

Les *Amendes de Timothée* valent certainement mieux que les *Souliers de bal*, dont toute la grâce est dans les pieds de M⁻ Massin et qui s'en fait chausser un très gentiment par M⁻ Pasca. Au moins y a-t-il là un essai de pièce et une idée comique. M. Clairville n'est pas M. Gastineau. L'idée comique est celle d'un mari qui a le sentiment de l'expiation, et qui, voulant expier chaque infidélité qu'il fait à sa femme, s'impose l'amende d'un cadeau à chaque fois. Il y a là une hiérarchie très drôle d'amendes, établie selon les divers degrés de culpabilité, — et d'ailleurs la pièce est enlevée avec beaucoup de verve par Francès et Landrol. Francès charge trop. Landrol est, lui, plein de feu et de mordant, mais il abuse de sa voix, ou plutôt de ses deux voix; car il en a deux : une grave que j'aime quand il la pose bien, et l'autre, moitié enrouement et moitié fausset, qui donne de l'accent et de la variété à son jeu.

Bons acteurs, cependant, que ces deux hommes, ou du moins en train de le devenir; mais il leur faudrait un autre Théâtre que ce Théâtre où tout s'aplatit, s'amoindrit, se rapetisse, qu'on appelle encore le Théâtre du Gymnase, et qu'il faudrait appeler :

Le Paravent !

LES DEUX PRISONNIERS
DE THÉODOROS

LES FORFAITS DE PIPERMANS
LE CHATOUILLEUR DU PUY-DE-DOME — LA QUESTION DU THÉATRE

Samedi, 25 juillet 1868.

I

Il y a dans le grand Carême de Massillon un sermon sur le mauvais riche, qui commence par les mots terribles : *Crucior in hac flamma!* (je suis dévoré dans cette flamme). Nous n'étions pas tous probablement de mauvais riches, Mardi dernier, au Palais-Royal, mais nous pouvons dire que nous y étions dans la flamme! Il faisait le temps assassin de chaleur qui, depuis une quinzaine, roule dans son atmosphère d'incendie les apoplexies pour les uns, les choléras pour les autres, pour tous l'hébêtement, l'anéantissement, l'idiotisme. Nonobstant ce temps infernal (c'est le mot), la salle du Palais-Royal était pleine comme un œuf qui cuit dans du bouillon : « Toutes les places sont louées, » disait orgueilleusement le contrôleur, en s'essuyant le front, et c'était vrai ! On avait beau crever de chaleur, on voulait encore crever de rire. On était venu pour cela et on riait. On ne respirait pas, on suait, on ruisselait, on était affreux, mais on riait, — bêtement, oui ! mais enfin on riait, et si la comédie se joue en Enfer, s'il y a un Palais-Royal chez le diable, — et si j'en crois Callot, il doit y avoir là d'assez bons farceurs, — je m'imagine que les choses doivent s'y passer comme au Palais-Royal de l'autre jour.

On y jouait de ces pochades ordinaires qui s'y multiplient sans changer, de ces pièces qui semblent faites par un diable soûl ou insensé. Il y en avait une, entre les autres, qui s'appelait le *Chatouilleur du Puy-de-Dôme*... Titre symbolique qu'on pourrait appliquer aux auteurs de ces inexprimables bouffonneries. Les *chatouilleurs* du Palais-Royal ! Sont-ils plus que cela, les bourreaux ? Font-ils autre chose que de nous chatouiller où cela nous démange ? que d'exciter, n'importe comment, n'importe à quel prix, le rire bête, mais qui, pour deux minutes du moins, nous soulève le poids de la vie ? Incroyable supplice dont on est insatiable ! A chaque acte de ces drôleries, la salle brûlante, assoifée, se vidait tout entière et allait se bourrer de glaces ou s'inonder de bière au café du Théâtre, transformé en abreuvoir, — puis, au premier tintement de sonnette, elle se reprécipitait dans sa fournaise et reprenait, dans le feu, son rire absurde, ce rire des hommes embêtés (pardon!) qui veulent oublier leur embêtement; car la source du rire n'est pas plus haut que cela au Palais-Royal. Les cœurs blessés, d'ailleurs assez rares dans cette superficielle humanité, ne vont guère au Palais-Royal, mais tout ce qui s'embête y afflue. C'est le Théâtre des embêtés. Et voilà pourquoi il peut rester ouvert, quand les autres théâtres ferment, par cette saison torride! Comme Mardi, quel que soit le temps, il sera toujours plein.

Du reste, les chatouilleurs des pièces qu'on nous y a données ont rencontré des collaborateurs en chatouillement beaucoup plus forts qu'eux. Ce sont les acteurs. Il ne m'est pas prouvé que cette misérable farce, les *Deux Prisonniers de Théodoros*, ne fût pas tombée tout à plat sans Mlle Alphonsine, qui a montré, pour la soutenir, ce qu'on peut appeler de la poigne. Ce robuste bout de femme, à embonpoint tassé et récalcitrant, qui ressemble à un petit fortin de guerre, avec ses avant-postes et ses boulets, est beaucoup trop solide pour fondre, par cette chaleur, dans sa robe de satin rose, mais l'a-t-elle fait craquer! l'a-t-elle fait craquer en s'y agitant et en y frétillant; car elle y frétille comme si elle était mince, cette grosse salamandre, dans le feu! La verve, donc, quand elle existe, peut refaire une jeunesse et une taille à une femme! Mlle Alphonsine joue dans les *Deux Prisonniers de Théodoros* le rôle d'une espèce de bas-bleu-cocotte, la femme de l'Avenir, préparée par les Conférences et l'éducation Duruy. Elle y parle toutes les langues et de toute langue, cherchant à travers toute la pièce un des *Deux prisonniers de Théodoros*, un bambocheur qui n'a pas quitté Bougival. Celui-là était joué par Lacombe, l'acteur des *Bouffes*, qui débutait ce soir-là au Palais-Royal. J'ai trouvé parfois Lacombe monotone dans ces rôles de soldat qu'on lui donnait souvent aux Bouffes, et j'ai retrouvé sa monotonie d'intonation et de geste, dans les *Prisonniers de Théodoros*, mais non dans les *Forfaits de Pipermans*, où il a été impayable de *naturel nuancé* dans le personnage d'un Jocrisse alsacien. Lhéritier, qui faisait, lui, dans son paletot nankin, ce qu'Alphonsine ne faisait pas dans sa robe rose, Lhéritier ruisselait comme un fleuve, mais n'en jouait pas moins bien pour cela; ce n'est pas dans ses rôles qu'il barbottait... Il en a joué deux excellemment: celui de Cotonneux des *Deux Prisonniers de Théodoros*, et de Framboisier dans le *Chatouilleur du Puy-de-Dôme*... un rôle d'avocat qu'il a délicieusement barbouillé. A mon sens, Lhéritier, qui, de tous les acteurs de Paris, sans exception, sait le mieux ce qu'on appelle *se faire une tête*, est maintenant un des comiques les plus originaux de son Théâtre. Il est le dernier des grands farceurs dont la race s'en va comme toutes les races; le dernier sur le dernier Théâtre de Vaudeville auquel le pédantisme dramatique et les prétentions modernes n'aient pas encore enlevé son tréteau !

II

Une question que nous avons beaucoup touchée déjà, et que nous nous proposons de toucher encore, a été agitée cette semaine ailleurs que chez nous : c'est la question des Théâtres. En discutant le budget du Ministère des Beaux-Arts, le Corps législatif a parlé de la décadence de la scène française, et les journaux, sans idée à eux, qui sont trop heureux de faire écho à tout ce qu'on dit à la Chambre, ont immédiatement lancé sur cette décadence leur petit mot qui n'y fera rien... La question des Théâtres, pas plus que toutes les autres questions relatives aux arts ou à la littérature, n'est où la Politique veut la mettre.

La Politique est une étrangleuse. Elle étrangle tout à son profit. Sur cette question des Théâtres, la Politique n'a que deux systèmes : — le système de la protection de l'État, affirmée par les subventions, ou le système de la liberté théâtrale absolue, qui n'existe pas sans le droit commun.

En dehors de cela, ils ne savent que dire, mais avec cela, ils croient, d'un et d'autre côté, avoir la panacée qui doit guérir le Théâtre en souffrance, — ou ils en doutent, ce qui pourrait bien être, de part et d'autre, à ces farceurs de la Politique, leur véritable manière de penser... qu'ils ne diront pas !

Il ne faut pas chercher midi à quatorze heures. La question du Théâtre est beaucoup plus simple que cela. Mais c'est sa simplicité même qui précisément est terrible ! La question du progrès et de la prospérité des Théâtres ne tient à autre chose qu'à cette toute petite difficulté: la nécessité d'un homme de génie. Il faudrait la connaissance et l'impulsion d'un homme de génie, dans cette question du Théâtre comme dans toutes les questions relatives aux Arts et à la Littérature, et vous ne l'avez point ! Où il faudrait cette plénitude, cette suffisance d'un homme de génie, vous n'avez bien souvent qu'un trou... vous avez pis qu'un trou : vous avez quelquefois un cuistre ; vous avez un incapable, un ignorant ou un superficiel. En un mot, et c'est le grand mot : vous avez *un homme qui ne s'y connaît pas*. De là toutes les fautes. De là, les subventions du gouvernement — que je ne désapprouve pas dans leur principe — inutiles! De là, les Directions, que je désapprouve toutes, dans leur personnel d'un choix aveugle et de la plus radicale incapacité.

La grande erreur, qui n'est point particulière au Théâtre, la grande erreur universelle qui a faussé l'esprit moderne jusqu'à la plus incroyable profondeur, c'est de croire qu'on peut remplacer l'individualité compétente ou le génie par des institutions ou des combinaisons quelconques : « Les « institutions ne sont que l'intérim de l'homme de « génie, » disait le vieux Bonald; et elles gâtent presque toujours la besogne qu'elles font, en l'attendant. Il faut, particulièrement en beaux-arts et en littérature dramatique, un connaisseur suprême et spécial, et cela ne s'invente pas plus que cela ne se remplace. Quand cela est, tant mieux! quand cela n'est pas, tant pis! et irrémédiablement tant pis! Toutes vos petites manigances n'y peuvent rien. Les subventions, les protections, sont sur ce point aussi vaines que la liberté. Orviétans politiques, allez vous faire avaler par d'autres que par nous ! Périclès n'est pas né d'une combinaison politique, ni Auguste non plus, qui avait Mécènes, ni Léon X, ni Louis XIV. Mais ils avaient l'instinct, éclairé ou même ignorant, mais positivement divinateur, de ce qui est beau et grand, et autour d'eux des hommes comme eux, et ils ont été *l'accident heureux* dont Mme de Staël parlait à Alexandre, pour les arts de leur temps, les lettres de leur temps, et leur gloire de tous les temps ! Malheureusement pour les toutes-puissantes nations qui ont inventé le parquage des huîtres et la pisciculture, le moyen de faire pousser des hommes de génie et des connaisseurs n'a pas été découvert encore. Et je le dis à la décharge des Pouvoirs à qui on reproche de n'avoir pas le cœur assez tourné aux questions exclusives de beauté et de grandeur intellectuelles, — non qu'ils les méconnaissent... mais ils sont peut-être trop près des révolutions pour y penser.

Excusons-les, — amnistions-les même. Ils sont victimes — je le sais et j'en souffre pour eux ! — d'un temps épouvantablement utilitaire. Mais quand il s'agit de raisonner, ne nous payons pas de mots mis à côté des faits ou à la place des faits, et surtout ne souffrons pas qu'on nous en paye ! C'est l'homme qui s'y connaît qui manque à cette question du Théâtre, et c'est là un mal très simple, mais aussi très profond, qu'on ne guérira point avec des mesures législatives quelconques ou des règlements d'administration plus ou moins heureux. Manquera-t-il toujours ?... mais présentement c'est l'homme qui s'y connaît qui manque partout, en haut comme en bas, dans l'ordre du Théâtre et de sa hiérarchie ; car lorsqu'il manque à une place, il manque à une autre. Les sots sont leurs propres dents de Cadmus à eux-mêmes. Un en fait toujours plusieurs, et leurs générations sont solidaires... Demandez-vous combien un Directeur général des Théâtres pourrait engendrer en sous-œuvre de mauvais Directeurs de Théâtre à l'ombre de ses ailes de dindon, si par hasard il en avait ?... Dans cette question du Théâtre, beaucoup moins vaste, beaucoup moins flottante qu'on ne croit, et qu'il faut resserrer jusqu'aux proportions de la réalité, il n'y a pas de chose en soi qui s'appelle *Le Théâtre*, et ce qu'on entend par ce mot abstrait n'est jamais que la résultante de tous les Théâtres fonctionnant. Il n'y a donc pas, à y bien regarder et à proprement parler, de question DU Théâtre, mais une question DES Théâtres, et comme ces Théâtres sont dirigés ou régis par des hommes plus ou moins capables ou incapables, il n'y a en définitive à examiner, en matière de Théâtre, que la grande question personnelle des Directions et des Directeurs !

III

Et cette question, c'est leur histoire. — Et leur histoire, que le Corps législatif n'avait ni le temps, ni la volonté de faire l'autre jour, nous la ferons. Nous prendrons ce temps et nous aurons cette volonté. Le Corps législatif ne pouvait mander à sa barre les Directeurs de Théâtre pour leur faire rendre compte des faits et gestes de leurs Directions, et cependant c'est là, dans ces faits et gestes, qu'est le vice, — que dis-je? l'amas de vices qui rongent le Théâtre contemporain. Or, nous, nous les citerons très bien à comparoir, ces messieurs, à la petite barre en bambou du *Nain jaune*. Alors, on pourra mieux juger si c'est à des influences générales et incertaines, et qui n'atteignent pas plus la littérature dramatique que toute autre espèce de littérature, qu'il faut imputer, ainsi que l'ont fait plusieurs journaux, la décadence profonde dans laquelle tomberaient tous les Théâtres, les uns sur les autres, comme des capucins de cartes, si quelque grand coup de l'Autorité avertie n'intervenait pas...

LA PRISE DE PÉKIN

Samedi, 1ᵉʳ août 1868.

I

Allons! taisez-vous! Taisez-vous! si vous n'avez que cela à nous dire. Faites comme les autres! Une bande blanche sur l'affiche et le mot CLOTURE! Allez *ragotiner* en province comme l'auguste Théâtre-Français, ces Frères Bouthor à pied qui y donnent, à ce qu'il paraît, le spectacle grotesque de vanités d'acteurs montées sur leurs plus grands chevaux. Un journal de théâtre parlait de cela dernièrement... Les comédiens du Théâtre-Français jouent à Dijon une comédie des *Comédiens*, qui n'est plus celle de Casimir Delavigne, mais qu'ils improvisent tous les jours. L'anarchie, raconte-t-on, est entre eux complète, et c'est à se demander si M. Thierry, leur Directeur, les gouverne comme... ici, là-bas!...

II

Quand cette *Prise de Pékin*, qui est une Reprise, une Reprise *à nouveau*, c'est-à-dire *à moins*, car il y a beaucoup de choses retranchées (et plus il y en aura, mieux vaudra la pièce! retranchez! ne vous lassez pas de retrancher!), c'est la dernière de ce genre honteux qui n'a pas fait son temps, comme on dit, — les sens étant éternels et la bêtise aussi, — mais qui est une des causes de l'abaissement actuel de la scène française et contre lequel la Critique, si elle n'est pas, comme les Directeurs de Théâtre, une vile courtisane du public, doit incessamment et implacablement s'élever. C'est du cirque, transporté au théâtre. Le Cirque est un spectacle *sui generis*. Il a sa raison d'être. Je ne le méprise point, — que dis-je? je le trouve souvent plus spirituel que les autres. C'est un spectacle essentiellement pour les yeux : les corps y ont de l'esprit à leur manière; les bêtes toujours! Un corps très souple est un corps spirituel. Un corps très fort et en même temps très souple est un corps de génie. Mais le Cirque n'a pas la prétention d'être un Théâtre pour l'esprit, comme l'Ambigu, au milieu des pétarades de ses coups de fusil, l'avait ce soir.

Il s'est terriblement trompé, du reste. La *Prise de Pékin* est une des pièces les plus idiotes de M. Dennery, ce *charpenteur* infatigable de pièces idiotes. Quand il fit celle-ci, l'occasion était bonne pour un succès. Il ne s'agissait pas, comme pour Carnot, d'organiser la victoire, mais de l'exploiter... Après nos victoires en Chine, il s'agissait tout uniquement d'offrir au public des boulevards un panorama chinois, et M. Dennery, aidé des badigeonneurs ordinaires, entreprit ce gros ouvrage. Il n'y avait là rien de plus que la rage éternelle de sauter, pour gagner quelques sous, sur le dos de l'occasion, comme un singe sur la bosse d'un chameau... Mais l'occasion-chameau est passée, et voilà que la pièce revient, comme le singe, à pattes, pour ne pas dire à pied. Franchement, c'est trop ! Les chansons de fête ne doivent durer que le temps de la fête. *Il giorno passato, il santo gabbato*, disent les Italiens, et ils ont raison. Les choses seules qui ont une prestance littéraire et une valeur en soi ont le droit de revenir se placer sous les yeux du public qui les a déjà contemplées ; mais la papillote du moment, fût-elle faite avec tout le papier d'une pièce en cinq actes et en trente tableaux, allons donc ! c'est se moquer de nous. Recharger son fusil avec la cartouche brûlée d'un jour de réjouissance publique qui est passé, et croire que cette cartouche reprendra feu, c'est se brûler soi-même... mais ce n'est pas à la lumière de son fusil !

III

Aussi, d'aujourd'hui, l'enthousiasme a baissé. Ce soir, ce n'a *plus été comme autrefois.* Pauvre expression mélancolique ! Le chauvinisme des titis — le seul bon sentiment qu'il y ait en ces voyous — s'est ému encore à certains ronflements de phrases-toupies dont la bêtise n'a pas entièrement compromis le patriotisme, mais l'entrain qui fait du train, l'entrain dans le coup de main de l'applaudissement, a disparu. L'espérance de la Direction a dû être légèrement atteinte... On croyait à tant de monde par ce temps de Théâtres en grève, qu'on était prié *administrativement* de renvoyer les billets, *si on ne les utilisait pas*, et j'ai vu beaucoup de stalles vides aux premières galeries où j'étais. Il y avait des tabourets sur ces places vides, pour marquer qu'elles étaient retenues, et ces tabourets sont restés, pendant toute la pièce, spectateurs. Et c'était même les spectateurs les plus spirituels. Ils ne disaient mot. Impassibles comme des gens d'esprit qui n'approuvent pas ce qu'on dit devant eux et qui restent dignes... très dignes, très dignes, ces tabourets !... Moins distingués, les autres spectateurs parlaient à travers la pièce. Mauvais symptôme ! J'ai entendu beaucoup de *pataquès* autour de moi, venant de grosses dames très soyeuses en leurs robes et chargées de bijoux miroitant moins que la sueur qui les inondait, par cette chaleur de quarante degrés ! Des cocottes, piquées çà et là, dans les loges, riaient haut de ce rire à faire retourner... les imbéciles, bien plus préoccupées de tenir leurs mains courtes, qui disent leur origine, en l'air, pour les faire blanches, que de la pièce... Tout cela ne constituait pas plus un public qu'un succès.

Le succès ! Il n'a pas existé, ce soir, une minute. Et le public, ce public qui écoute, se passionne et jouit, vous ne l'avez pas eu davantage. Vous avec eu les femmes de la Halle, ou des Huiles, ou des Papiers peints, enrichies, qui voulaient montrer leurs robes et leurs diamants, bien honteux de briller sur de pareilles peaux ! Vous avez eu les cocottes stationnaires, qui ne vont ni à Bade, ni à Ems. Vous avez eu enfin tous les étalagistes de la vanité, qui se soucient de vous et de vos pièces comme de ça... mais qui y viennent comme on va à la messe et sur le trottoir !

IV

Les acteurs, très dignes de cette absence de public réel, n'ont pas joué ; ils ont déjoué. Pas un seul qui fût quelqu'un, ou... quelque chose ! Celui, — que je ne nommerai pas, parce que les noms des anonymes de talent n'ont pas le droit d'être écrits, — celui qui faisait le rôle du correspondant du *Times*, lequel suit les armées pour envoi de nouvelles, ne sait pas même baragouiner l'anglais et reste Français farceur et impuissant, de pied en cap, tout le long de la pièce. Il n'y a que des titis qui puissent croire que c'est là de l'accent anglais, mais, pour tout ce qui n'est pas titi, c'est de l'imitation *baragouinante* par un homme qui ne sait pas un mot d'anglais. Ah ! s'il s'en est trouvé un seul dans la salle, comme il a dû se moquer de nous. Quel singe raté que cet acteur ! Et, certes ! je ne ferais pas plus mention de lui que des autres, qui se valent tous, soit dans la platitude, soit dans l'enflure, s'il ne faisait pas rire, lui, à chaque fois qu'il lance un mot, et même le même mot. Il est évident qu'on rit de confiance. Il est évident qu'on rirait absolument de même, quand ce qu'il baragouine devrait être, sans y rien changer, du japonais.

Ennuyé, dégoûté, près de m'en aller, j'ai cru que le ballet me vengerait des comédiens et de la pièce, mais il a été aussi mauvais que tout le reste. Je n'y ai vu que des enfants qui ressemblaient à des grenouillettes du fleuve Bleu ou du fleuve Jaune, et de grandes diablesses de danseuses à chair de lapin :

J'aime à voir aux lapins cette chair blanche et molle!

mais pas aux danseuses! et dont les jambes-perches semblaient cependant moins longues que les pieds; —les Reines Pédauques du ballet, dans un ballet chinois où les pieds, du moins, pour rester dans la couleur locale, n'auraient pas dû être de cette incommensurable longueur. Seul, un homme, un danseur, dont le nom m'est inconnu et qui mériterait d'être nommé, élancé, musclé, à large poitrine, à jambes de Méléagre antique, s'est détaché sur cette masse de médiocrités. La grâce de la force, c'est la précision, et il l'avait... Magot superbe, très chinois de geste, souple comme l'acier, un clown d'acier, découplé mais non déhanché, qui ne pirouettait pas bêtement comme les autres, ces totons! mais dont les pirouettes avaient un style. Il a de l'avenir, ce danseur. A un certain moment du ballet, les danseuses ont formé je ne sais quel groupe. Il en a fait le tour en pirouettant, et, ma foi! il a enlevé la salle par la furie de sa rotation et la netteté puissante de son point d'arrêt, quand il s'est arrêté... Ç'a été le seul moment d'enthousiasme de la salle. Ce danseur, à lui seul, a plus évoqué de Chine à nos yeux que M. Dennery, les badigeonneurs, les décorarateurs et les costumiers qui ont contribué à la pièce...

LES
RABACHERIES ACCOUTUMÉES

Samedi, 8 août 1868.

I

Pas de feuilleton de théâtre *possible* cette semaine. Rien nulle part. Les vieux riens partout. Seuls, le chien de la Bible et les Théâtres retournent à leur vomissement.

Il y a bien pourtant, dans cette bambochade de *Mimi Bamboche,* au Palais-Royal, les débuts, comme on dit, de Mlle Blanche d'Antigny, mais Mlle Blanche d'Antigny n'est pas une actrice ; c'est une intrigue... Quelques faiseurs d'omelettes soufflées dans la publicité ont soufflé celle-là. Mlle Blanche d'Antigny, qui n'est pas jolie, qui ne joue pas bien et qui chante mal, *a des gens...* qui lui font une renommée et qui travaillent en bruit pour elle. Au Théâtre, disait ce vieux malin de Stendhal, il est un proverbe qu'il faut croire absolument : « Telle trouve à se vendre qui ne trouverait pas à se donner. Il paraît qu'il faut étendre le proverbe de la femme à l'actrice. Telle ne trouverait pas, difficilement, un applaudissement, qui trouve facilement une réputation.

On la trouve souvent en revenant de Russie, quand on est une actrice, comme on la trouve en revenant des Indes, lorsqu'on est du vin de Madère ; mais il faut commencer par être du vin de Madère avant de partir. Mlle Blanche d'Antigny, comme actrice, n'en était pas. Un fait curieux, du reste, et dont le moraliste doit tenir grand compte, en cette singulière assomption de Mlle Blanche d'Antigny dans la gloire cabotine du temps, c'est le rôle qu'y jouent les diamants de cette demoiselle. Ils jouent mieux qu'elle, assurément ! Ces diamants ont été pour les feuilletonistes une véritable fascination. En ont-ils parlé avec une curiosité ou une badauderie assez basse !... On eût dit les feuilletons où ils parlaient de ces diamants, écrits par des femmes... Trait de caractère. Ah ! il faut que la France, qui était *grand seigneur* autrefois, n'ait plus que des goûts de parvenu maintenant, puisqu'on y fait impunément tant de bruit et d'éclat de quelques bijoux au cou et aux bras d'une fille de théâtre, et puisque des écrivains à âme de Josse sans boutique trouvent cela suffisant pour constituer à cette fille une espèce d'individualité. Elle, la fille, je ne la blâme pas d'être heureuse de toute sa joaillerie. Les diamants, c'est la décoration des femmes (qui n'est pas toujours la Légion d'honneur, il est vrai), et je conçois très bien qu'elles aiment à en avoir et à les montrer. C'est la plus bête de leurs coquetteries, mais c'est encore une coquetterie... Mais que des gens qui ont plume de critique se laissent prendre à ce luxe-là comme s'ils étaient des femmes entretenues ou à entretenir, et en glosent, et en glosent avec des yeux sortis de la tête, n'est-ce pas une pitié?

II

Une autre, que nous avons pu sentir aussi cette semaine, c'est l'importance, l'importance colossale, hors de toute proportion, même avec les ridicules contemporains, donnée au mariage de Mlle Patti. On n'eût pas parlé autrement du mariage d'une princesse ou même d'une impératrice. Mme Patti est, à la vérité, une princesse de l'oreille et l'impératrice de l'amusette, dans une société qui n'aime plus que la musique, cet Art sans idée, et qui est attaquée de ce mal que Bossuet, avec son grand sérieux méprisant, appelait : « l'ensorcellement de la bagatelle ». Mais, voyons ! même dans cette pauvre société-là, sensuelle et ennuyée et dont les mœurs s'abaissent de plus en plus, aux yeux des gens d'esprit, s'il en est encore qui aient le sentiment des convenances sociales, n'est-ce pas une chose inouïe que le retentissement, la solennité, l'imposance, la *physionomie d'événement public* donnée à cette chose assez petite en soi, et qui devient de plus en plus ordinaire, d'un gentilhomme qui épouse une femme de théâtre ? Je n'ai à louer ni à blâmer l'honorable M. de Caux. Il a ses sentiments, et il est libre de donner sa main à qui lui plaît. Je ne blâme pas non plus M`lle` Patti de la prendre. Plusieurs, aussi bien nés que M. de Caux, ont fait ce qu'il vient de faire, et avec des femmes de plus de talent que M`lle` Patti, laquelle ne fut jamais pour moi ce qu'on appelle une grande artiste, — une de ces artistes de génie avec qui il n'y a plus de mésalliance, — mais simplement un mécanisme bien conditionné, un mécanisme mieux réussi que le nègre qui a un cadran dans son ventre. Elle a dans le sien une cage de rossignols. Eh bien, pour aucun de tous ces mariages, cependant, on n'a poussé les *hosannahs !* qu'on pousse aujourd'hui.

D'aucun on n'a jamais parlé avec une bouche si ouverte, — cette bouche de l'admiration qui dessine un O et pousse un *oh!* Ceci est particulier au moment présent, et, ne vous y méprenez pas, observateurs! ne vient point seulement de la gobemoucherie ordinaire du charmant peuple de gobemouches que nous avons l'honneur d'être. Il y a plus profond. Il y a là dedans de ce sentiment dont parlait Paul-Louis Courier, quand il disait : « Plus qu'une question, maintenant, pour nous : capucins ou laquais! » Capucins, il n'y a pas de danger... mais laquais! La disposition en devient universelle. Seulement, on aime mieux, pour l'être, certaine maison que certaine autre, et c'est l'unique chose qui puisse étonner. Au XVII° siècle, on eût voulu l'être chez la duchesse de Bourgogne ou chez une princesse de Condé, et au XIX°, on se bouscule pour l'être chez Mme Patti de Caux!

Car il y a bien des façons d'être laquais. Dangeau en était un quand il écrivait ses *Mémoires;* il en était un, mais il nous parlait de Louis XIV, qui, pour la première fois, avait trouvé en lui un valet de chambre devant lequel on pouvait, en ôtant sa casaque de roi, rester un héros!! Mais être le Dangeau de Mlle Patti dans des journaux qui font les fiers démocrates et se piquent de souveraine indépendance, c'est vraiment par trop de vocation pour l'état de laquais, et c'est à faire regretter l'alternative du capucin !

Telles sont les deux seules comédies de cette semaine : la gloire faite aux diamants de Mlle d'Antigny, et la haute publicité donnée au mariage de Mlle Patti et de M. de Caux par tous ces criquets du journalisme, qui voudraient bien peut-être, pour leur peine, être les grillons de leur foyer, — deux tristes comédies de mœurs... à siffler !

LES PIRATES DE LA SAVANE

LES CHAMBRES DE BONNES

Lundi, 17 août 1868.

I

Les *Pirates de la Savane!* J'en sors matagrabolisé... Un fouillis d'événements absurdes, d'enfant perdu, retrouvé, caressé, sauvé, de costumes tapageurs, de décorations exotiques, de trucs sans la moindre illusion, de torrents qui écument sans remuer, de coups de fusil comme dans un tir; car si les auteurs n'ont pas inventé la poudre, ils la font assez bavarder! Un spectacle de foire et non pas de théâtre, que cette *Reprise* qui a repris le public, toujours prêt à être repris... Ah! l'on donne des indigestions aux estomacs les plus robustes. On en donne, à la fin! à force de *leur* en fourrer jusqu'au nœud de la gorge. Mais on ne donne pas d'indigestion à la bêtise humaine, ce boa de la bêtise humaine qui avale tout, et ravale même les pièces avalées déjà... Quand il faut aller, par métier, comme nous, à ces monstruosités de l'idiotisme, on se dit toujours : « Voyons ! ils ont radoubé cette vieille carcasse. Peut-être sera-ce moins bête que cela n'était. » Nous avons tous, dans le cœur ou dans l'esprit, une huître qui s'appelle l'espérance, et qui bâille, comptant sur le soleil, et on va... Mais on revient... dans l'état où je suis ce soir !

De ce tohu-bohu pour les yeux et pour les oreilles, rien de net pour moi ne s'est dégagé que la beauté d'un acteur, qui joue *toute seule* dans la chose de ce soir ; car l'homme doué de cette beauté rare ne me fait pas l'effet, comme acteur, d'avoir du talent, et c'est grand dommage ! Il s'appelle Donato : un nom d'Italie. Est-il Italien ? On pourrait le croire. Il a exactement le type du pâtre de la campagne romaine qui est appuyé sur le timon du char dans le tableau des *Moissonneurs*, de Léopold Robert. C'est la même coupe de visage, du front, un peu bas, au menton un peu relevé. C'est le même cou de jeune taureau, c'est la même large poitrine, la même masse statique, le même ensemble, puissant et nonchalant dans la puissance. Et comme il était coiffé *muliébrilement*, ses cheveux épais et noirs relevés en diadème, aux bords d'un mouchoir de couleurs éclatantes, la ressemblance avec le pasteur de Robert était plus grande encore... Les hommes sont si laids à présent, dans cette crevaille universelle, que devant un être de la beauté de ce Donato il doit être permis de s'arrêter. La beauté, c'est les *lettres de noblesse* de l'humanité qui les a perdues! Quand on en retrouve un fragment dans un homme, cela est un honneur pour l'espèce entière. Dans les *Pirates de la Savane*, Donato fait le rôle de je ne sais quel sombre joueur de couteau, et il est si mexicain avec ses énormes anneaux d'or en roue de carrosse aux oreilles, son teint bistré, la cornée bleuâtre de ses yeux noirs, et cette canaillerie superbe de costume qu'il porte avec un corps fait exprès pour cela, que les autres acteurs, les peinturlurés, n'ont plus que l'air de masques devant un visage, des *chie-en-lits* de carnaval devant un Mexicain vrai. Malheureusement, à ce beau corps, je crains qu'il ne manque une âme. La prononciation de cette bouche, aux commissures méprisantes, n'est pas pure. La voix se pose mal. L'homme *surmord*. Il n'a pas le geste, le geste! qui est l'acteur encore plus que la voix. Le hasard est toujours le même Ironique. Il met la plus splendide étiquette sur la bouteille, et rien dedans! Il donne à un visage *l'énergie dans la beauté*, qui vaut presque la noblesse; il moule un masque de Spartacus, et il oublie l'âme de Spartacus. C'est éternellement l'histoire de cette femme charmante dont les yeux brûlaient les cœurs, et qui ne les tournait jamais que vers ses bottines, avec cette unique pensée : « Vont-elles bien ? ou ne vont-elles pas ?... »

Je l'ai dit, excepté ce Donato, tout dans ces *Pirates de la Savane* est au-dessous de la situation, au-dessous de ce qu'on veut peindre, au-dessous de ce qu'il faudrait exprimer. Le ballet, qui aurait pu racheter les sottises dramatiques de la pièce, ne les a point rachetées. Il était sans invention et sans caractère. Les castagnettes mexicaines, qui ressemblent à des manches d'éventail, n'y faisaient qu'un bruit de cliquettes. Les costumes étaient mal choisis. On voyait danser en désaccord le brun et le groseille, — deux couleurs ennemies. Pour composer un ballet, il faut le génie du coloris, comme pour composer un tableau. Au lieu des cachuchas incendiaires auxquelles je m'attendais, — car le Mexique, c'est de l'Espagne, élevée, sous un soleil autrement puissant que celui de l'Espagne, à sa soixante-douzième puissance !— nous n'avons eu que je ne sais quel papotage de pieds et quel insignifiant fourmillement de groupes. L'enfant, qui est le nœud et l'intérêt de la pièce et le truc de sensibilité avec lequel on prend les cœurs niais de la salle et surtout les

femmes; l'enfant, avec sa petite voix de chevrette
dans cette salle immense et devenue fausse par
l'effort, ressemble à une poupée qui parle avec
son ventre en bois. C'est horrible! La mère de
l'enfant — jouée par Mlle Dambrun — nous a
chanté, en *tordant* une bouche qui mériterait un
autre nom, tous les airs notés du vieux solfège de
la maternité au théâtre. Les a-t-on entendus de fois,
ces vulgaires gémissements, bon Dieu! Enfin, par-
dessus ou par-dessous tout cela, nous avons eu,
pour remplacer Miss Menken, morte précisément
le jour de cette reprise des *Pirates de la Savane*,
une autre Miss, Miss Sarah Dowe, qui n'a pas
craint de doubler ce page de Lara, ce Mazeppa de
seize ans, ce garçon charmant de fille équestre à
qui le sort aurait dû de la faire mourir de quelque
belle audace à cheval! Miss Sarah Dowe a joué le
rôle muet de Léo tout en pantomime, avec une
gesticulation pointue et des bras qui ressemblaient
à des couteaux à papier... La pauvre fille avait pla-
qué ses cheveux sur son front, à la Menken. Elle
a voulu imiter cette coiffure qui donnait l'air si
adorablement mutin à Miss Menken, le garçon-
fille! Et, avec le visage qu'elle a, elle! cette
imprudence l'a tuée... Elle n'a pas même été le
spectre de Miss Menken, — le fantôme de Celle-
là que le cheval de la mort emportait sur son dos,
en ce moment même, avec sa grâce dernière de

fleur coupée! Ah! Miss Ada Menken est bien morte!... morte tout entière!...

Et sans elle, les *Pirates de la Savane* n'ont plus qu'à mourir.

II

Les *Chambres de Bonnes* (aux *Variétés*)! Diable de bon titre! Un titre dans lequel on croit qu'il y a une idée, comme on croit qu'il y a une pierre précieuse dans la tête des couleuvres. Il n'y en a pas. Les *Chambres de Bonnes!* Ah! c'est pour l'heure un fier théâtre, que les chambres des bonnes, avec une société comme la nôtre; mais ce n'est pas aux *Variétés*, ce n'est nulle part que nous trouverons un Molière qui puisse toucher à ce sujet, — la comédie des domestiques, — que M. About, ce petit esprit bourgeois, a touchée (dans *Nos gens*) de cette plume qui ne prend les grands sujets que par les plus petits côtés.

Pas plus que lui, MM. Raymond Deslandes et Raimbaud ne me font l'effet d'être de taille à crocheter cette donnée profonde et comique qui renferme toutes les mœurs modernes, avec leur rage d'égalité et leur lèpre d'envie. Je ne connais pas

M. Raimbaud, mais j'ai vu M. Raymond Deslandes au Gymnase, dans des pièces qu'il avait faites pour l'endroit. C'est un *gymnasiarque* anémique de ce Théâtre dans lequel il ne faut pas de biceps... ils y seraient indécents. Ici, M. Deslandes avait le droit de n'être plus un Laprudotière du théâtr', de la vertu et de la *bonne* éducation bourgeoise. Il n'avait plus à pincer le bec. Il pouvait se débrider le rire et parler de sa bouche la plus ouverte ce langage au gros sel, lâché et grivois, qui est de tradition aux *Variétés*, le Théâtre de la calambredaine. Eh bien, M. Raymond Deslandes a très aisément parlé cette espèce d'argot-là. Malheureusement, la fureur d'être drôle et de faire rire à tout prix est l'écueil de ces bouffonneries... La pièce de MM. Raimbaud et Raymond Deslandes, auxquels, du reste, je sais gré de ne nous avoir point donné, à propos de bonnes, le Dumanet, usé jusqu'à la corde, de tous les vaudevilles et de toutes les caricatures, a quelques jolies observations d'épiderme. Mais, assez agréablement commencée et promettant, au premier acte, ce qu'elle n'a pas tenu, voilà qu'elle est tombée de dix degrés au second, et de vingt-cinq au troisième! Déplorable effet de ces *charges* qui se surchargent, et qui veulent, par tous les moyens, vous *extorquer* le rire, ce rire animal que les singes, hélas! ont comme nous. Vous comprenez que nous sommes à cent piques de tout art dramatique et de toute littérature, en ces farces. Ce ne sont pas là des comédies, mais des pièces, et les gens qui font ça ne sont pas des auteurs, mais, si vous voulez, des *piéciers.* Il faudrait inventer des mots pour en parler... En ces pièces, où l'on se moque de tout, excepté de faire rire, et qu'on a faites peut-être en déjeunant, il arrive toujours un moment où les auteurs, les acteurs, — les acteurs surtout! et même le public, semblent parfaitement gris, et où tout le monde a l'air d'avoir perdu la tramontane !

J'ai vu ce moment-là, ce soir...

La pièce a fini par un bal où les domestiques dansent la polka avec les maîtres, et, malgré leur bonheur de rire bête et leur dévouement aux choses impossibles, *ils* ont, dans la salle, trouvé la chose un peu forte... Mais moi, non! Au contraire! Ce bal de domestiques et de maîtres m'a paru, à moi, la chose la plus sérieuse et la plus vraie de la pièce. Cela n'arrive encore que dans les chambres de bonnes, mais bientôt cela arrivera partout... Soyez tranquilles! La polka sociale entre valets et maîtres, vous la danserez, messieurs et mesdames!

C'est la carmagnole de l'avenir.

FANNY LEAR

—

Samedi, 22 août 1868.

I

Cette pièce de *Fanny Lear*, que je n'ai pu voir qu'hier, n'est pas certainement ce qu'on peut appeler une comédie; mais quoi qu'elle puisse être et quelque nom qu'on doive lui donner, elle m'a fait un plaisir plus vif que celui que j'éprouve d'ordinaire au Théâtre, quand il s'agit de pièces contemporaines. Ennuyés et peut-être humiliés d'être toujours les très humbles et très obéissants serviteurs de la musique d'Offenbach, ces MM. Meilhac et Halévy, qui ne font qu'un homme d'esprit en deux personnes ; car on ne sait trop, dans ce monstre réussi à deux têtes de la collaboration, où le Melhac finit et où l'Halévy commence, ont enfin pris le parti d'envoyer promener une bonne fois, mais sans eux, le violon grotesque de leur embaucheur et débaucheur ordinaire ; ils ont pris le parti de n'être plus qu'eux. On les avait accusés — et moi tout le premier ! — d'aimer un peu trop la bouffonnerie tintamaresque et de se perdre dans des renversements de talent qui ressemblaient à la danse, la tête en bas et jupes relevées, d'Hérodiade devant Hérode représentée sur le portail de la cathédrale de Rouen, et ils ont voulu se replacer la tête à la vraie place et nous faire une pièce qui ne fût plus ni une mascarade, ni une cachucha de chez Bullier, la bottine au visage, ni un cancan sur les mains du même établissement. Malheureusement, se craignant trop gais, ils se sont faits trop sérieux, et même tristes. Ils n'ont pas écrit une comédie, mais un drame, et ils ont pu, en faisant comme lui, susciter dans M. Sardou l'agréable pensée qu'il a des imitateurs, et des imitateurs comme eux. Il va donc — et c'est déplorable ! — se frotter ses petites mains maigrelettes, M. Sardou. Telle, avant tout détail, la critique générale qui doit rester planant sur la pièce de MM. Meilhac et Halévy. Seulement, ce que M. Sardou, ce Crispé plus que Crispin, en son comique, n'aurait pas pu mettre debout, c'est la figure très aperçue, très composée et *très d'ensemble* de l'héroïne de la pièce et qui la nomme.

C'est Fanny Lear.

Fanny Lear, c'est un caractère, — et si les autres rôles de la pièce avaient été traités plus largement, plus profondément, plus à brassées d'humanité et de grande et bonne humeur, nous aurions eu, *pour de bon*, une comédie de caractère, — la chose la plus rare, la plus difficile et la plus belle, qu'au Théâtre il puisse y avoir !

II

Fanny Lear, dont je n'aime pas le nom : — il faut laisser ses noms à Shakespeare; je n'aimerais pas davantage Fanny Harlowe : — on ne *fait* pas le nom au génie comme on *fait* le mouchoir aux imbéciles et aux distraits ! Fanny Lear n'est pas du tout une de ces femmes méchantes, oppressives, hypocrites, comme on en a tant mis à la scène. Elle n'est nullement une Lady Tartuffe de Mme de Girardin, par exemple, qui, elle, ne se contenta pas de prendre le nom de sa pièce à Molière, mais son sujet. Mettre Tartuffe en femme n'était, en effet, que le déguiser; ce n'était pas créer un type nouveau. Or, Fanny Lear touche à la création... Elle n'est nullement une hypocrite. Elle n'est pas méchante non plus, quoiqu'elle le paraisse aux yeux des observateurs superficiels. Ce n'est point une méchante pour le plaisir de faire du mal, qui est le vrai mobile des méchants, ces jouisseurs dans le mal, aux férocités d'humeur sans aucun calcul. Non! Fanny n'est rien de tout cela. C'est une utilitaire, — une utilitaire terrible, qui veut, avec une force de volonté forgée à froid, que tous ses desseins s'accomplissent, et ses desseins, c'est l'avantage absolu de son orgueil! Elle a été une courtisane, mais ce n'est pas foncièrement une nature de courtisane. Riche une fois, il ne lui coûte pas de ne l'être plus. Avide par orgueil, elle a battu monnaie sur son matelas. Le vieux lord qui l'entretenait lui a laissé en mourant cinq millions, et alors, toujours par orgueil, elle a voulu, après l'argent, un titre, et pour cela elle a épousé un vieillard pauvre; — et c'est ici qu'elle est profonde. Après le titre, elle veut la considération qu'il donne, et elle la veut solide, inattaquable, et la comédie, ou plutôt le drame de MM. Meilhac et Halévy, ce sont les moyens qu'elle prend pour l'éterniser.

Voilà la donnée, superbement originale dans sa concentration, de ce caractère d'utilitaire féroce dont ils ont, pour se faire mieux comprendre, fait une Anglaise, — une femme du pays de l'orgueil et de l'utilité, une femme du pays de Bentham! C'est une Anglaise, qui dit froidement, convenablement, poliment, doucement des choses épouvantables, et qui les fait, et qui met tout cela sur le compte de cette qualité ou de ce défaut : « Je suis tenace... » — Je suis tenace... Il faut l'entendre dire, ce mot-là, à Mme Pasca, avec son inflexion anglaise qui le rend comique, et dont on rit, et dont on tremble aussi, tout en riant; car on sent qu'il va se passer tout à l'heure des choses épouvantables, et que rien ne pourra vaincre, que rien ne pourra altérer cette inentamable ténacité !

Ces choses épouvantables, c'est la séquestration de son mari, le marquis de Noriolis, qu'elle a rendu fou; c'est sa dureté d'acier pour la petite-fille du marquis, qu'elle n'entend marier qu'à un mari qui vivra avec elle comme avec la belle-mère la plus honorée; c'est la lutte engagée avec une famille qui veut lui arracher cette enfant; ce sont, enfin, les scènes de l'horrible folie du marquis et de la fascination qu'elle exerce sur ce malheureux insensé... Vous voyez si nous sommes en plein drame, et en drame très noir... Les auteurs, qui ont pourtant groupé des personnages comiques autour de cette effroyable tragédie domestique, auraient dû les créer, ces personnages comiques, de proportion avec les personnages tragiques auxquels ils ont affaire ; mais, à côté de cette grande Fanny Lear, jouée très grandement par Mme Pasca, ils paraissent tous écrasés, tous impuissants, imperceptibles, de la taille de leur petit théâtre.

Et jamais, peut-être, ils n'ont mieux joué. Mlle Chaumont, qui est l'amusette de la maison et qui, rien qu'en clignant des yeux, a le privilège de faire rire toutes les petites filles de la salle, a beaucoup moins minaudé avec sa petite mine qu'à l'ordinaire, et c'est un progrès. Landrol, grimé admirablement en vieux, chauve et roux, un libertin en démolition sur lequel a passé cette broyante locomotive de Fanny Lear, a, ce soir-là, parfaitement gouverné sa voix, et ajouté le naturel et le simple qu'il n'a pas toujours, au mordant et à la verve qui ne lui manquent jamais. Nertann a été très comme il faut dans le rôle de Fondreville, un mari séparé de sa femme pour l'avoir souffletée dans une discussion, et chez lequel celle-ci vient, après deux ans de séparation, se réfugier, en lui demandant de la protéger contre elle-même et contre un amant qui la suit. C'était Mlle Blanche Pierson qui jouait Mme de Fondreville, et son rôle est un des rôles comiques de la pièce; car Mme de Fondreville trouve une belle dame installée à la campagne chez son mari, lequel se met à imiter sa femme et la prie de sauver sa vertu, à lui, comme elle l'a prié de lui sauver la sienne, à elle. Ce rôle, un peu artificiel, Mlle Pierson l'a dit avec le talent qui sauve et qu'elle a rapporté de ses voyages plus que sa beauté. Je l'ai trouvée changée, Mlle Pierson ; moins fraîche, moins éclatante, moins lumineuse qu'à son départ. Il est vrai qu'elle est partie dans une telle lumière ! Il est vrai aussi qu'elle avait devant elle, dans le rôle justement de la femme que Fondreville lui donne pour rivale, la merveilleuse Mlle Angelo, Archangelo, Trône et Domination, une vraie foudre de beauté et de jeunesse ! Mais ni Mlle Angelo avec cette beauté, ni Mlle Pierson avec le charme de sa grâce vive, n'ont paru seulement quelque chose devant Mme Pasca, qui massacre tout autour d'elle, avec sa supériorité !

Ah ! le talent, c'est encore la plus grande puissance. Il y a longtemps que j'ai les yeux sur Mme Pasca, et que je la vois, entrant, pour les forcer de son ampleur robuste, dans de petits rôlets qui l'auraient étouffée, si une pareille nature pouvait s'étouffer !... Depuis les *Idées de Mme Aubray*, quelles insignifiances n'a-t-on pas fait jouer à Mme Pasca ? L'autre jour, elle déchaussait Mlle Massin. Aujourd'hui, grâce à MM. Meilhac et Halévy, elle a trouvé un rôle digne de ses facultés d'actrice, un rôle écrit en partie double, comique et tragique en même temps, — non l'un après l'autre, mais en même temps : faites bien attention à ceci!... Et pour ajouter aux trois ou quatre autres difficultés de ce rôle, dont la moindre est encore prodigieuse, les auteurs ont donné à leur Fanny Lear l'accent anglais, et Mme Pasca l'a eu, cet accent, dans la nuance où il faut qu'elle l'ait, et elle l'a gardé dans les instants de passion où il était si facile de le perdre et de rentrer dans l'accentuation qui est la sienne!!! Attitudes, gestes, manières de s'asseoir, de se lever, d'entrer en scène et d'en sortir, tout est d'un art consommé dans le jeu de Mme Pasca. Sa mise est un chef-d'œuvre d'entente de la courtisane anglaise devenue marquise... Et son impertinence, est-elle assez anglaise aussi! Dans les scènes avec le fou, qu'elle apaise et dont elle se fait obéir, et que Pujol a très bien jouées du reste, quelle fausseté en ces douceurs caressantes de tigresse, et qu'à travers la fausseté apparaît bien la vérité de l'orgueil, de la certitude de l'orgueil et du commandement! Il y a là trop de nuances pour qu'on les analyse de souvenir. Et l'humiliation, la manière dont elle s'assied *derrière les autres,* à la dernière scène, quand elle est vaincue!...

Elle pourra désormais jouer aussi bien dans d'autres rôles, Mme Pasca, mais je ne crois pas qu'elle joue jamais mieux.

JEANNE DE LIGNERIS

Samedi, 5 septembre 1868.

I

Taillade, crispé, anguleux, pâle et fatal plus que jamais, est venu dire :

« Mesdames et messieurs, la pièce que nous avons eu l'honneur de représenter devant vous est le premier ouvrage dramatique de... (ici un temps, comme pour sauter un fossé!) de M. Marc Bayeux. »

Le premier ouvrage dramatique... Entendez-vous ce quartier qu'on demande?... Entendez-vous ce rôle de l'homme vaincu et de l'amour-propre aux abois?... Si Taillade, qui doit savoir souligner les mots, avait dit d'une certaine façon à cette foule insolente, sans pitié, grossière, et, ma foi ! que voulez-vous? elle était ennuyée, — une fameuse excuse! ces mots : *Le premier ouvrage dramatique de M. Marc Bayeux,* et s'il eût fait de ces mots-là un entêtement, une menace, un : « Je suis sûr de moi ! Vous me sifflez, mais je vous ferai rentrer, un jour, vos sifflets dans la gorge, à force de persévérance et de talent ! » c'eût été, sinon beau, au moins fier, et j'aurais moi-même applaudi. Mais non ! Taillade avait épousé l'âme renversée du poète. Il était démoralisé, et *le premier ouvrage dramatique de M. Marc Bayeux,* dit comme cela, était une platitude de l'auteur et de l'acteur, et une mise à genoux.

Eh bien, qu'ils y restent tous deux ! Ce n'est pas moi qui les en relèverai.

II

La pièce de M. Bayeux est mauvaise. Mauvaise, ce ne serait rien ! car le mauvais, le mauvais énergique, cache parfois des promesses énormes de faire bien un jour. Mais elle est ennuyeuse, et c'est tout. Contre l'ennui, il n'y a plus même le droit du talent. « Il n'y a pas de droit contre le droit, » a dit Bossuet. Le droit du talent et de sa puissance est de nous intéresser toujours, même dans des œuvres mal faites; mais le droit d'ennuyer, le talent même ne l'a pas. Ce n'est le droit de personne d'ennuyer tout le monde. C'est une usurpation, et la seule peut-être que l'âme humaine, qui est pourtant bien lâche ! ne soit pas d'humeur à souffrir.

Et on ne l'a point soufferte ce soir. Les deux premiers actes de *Jeanne de Ligneris*, déjà ennuyeux, déjà de cette médiocrité morte qui n'a pas l'honneur d'être du mauvais vivant, ont été écoutés avec une patience de Job, — et Job n'avait qu'une femme et nous en avions deux détestables : Mme Essler et Mme Agar, — deux créatures à faire perdre patience à des Job ! Mais, au troisième acte, l'ennui s'est épaissi et est devenu si compact et si affreux, que la disposition bénigne de la salle a été retournée bout pour bout, et que le sifflet, en deux ou trois coins, a fait entendre sa petite languette de serpent. Ce n'était pas très sibilant encore... quand des ridiculités ineffables, de la fausse vertu, de la fausse grandeur, de la fausse poésie, des glissades et des par terre sur le cul dans un sublime voulu... et manqué, ont fait éclater la salle tout entière d'un rire bien pire que le sifflet ! Au quatrième acte, le rire a redoublé de lazzis, de cris, de gaminades féroces, je l'avoue, dignes de l'Ambigu ou de la Gaîté, pas dignes du Théâtre des étudiants, — mais les étudiants sont partis ! — et au cinquième, ça été le naufrage. La pièce a disparu ; on ne l'écoutait plus.

J'avais auprès de moi — des deux côtés — deux femmes, dont l'auteur devrait baiser les pieds. L'une représentait la Pitié et l'autre la Justice. L'une s'indignait, c'était la Justice, que la salle ne fût pas calme, mais couvrît la voix de l'acteur et rît même avant de savoir si la chose dont on riait était risible. C'était une petite Justice, blonde, pâle, aux yeux bleus-violette de Parme, un peu rageuse pour la Justice. L'autre était une vieille Pitié brune, et qui disait à chaque accroc de cette malheureuse pièce, qui accrochait partout : « Oh ! mon Dieu ! mon Dieu ! ce n'est certainement pas possible qu'on puisse rejouer tout cela demain ! »

« Madame, — ai-je dit à la vieille Pitié, — tout se recolle. Les morceaux de ce qu'ils cassent, ce soir, on les servira intrépidement demain. Soyez tranquille ! C'est une des impudences les plus accoutumées des Directeurs de Théâtre, que de ne pas balayer leur scène... Ils n'auront jamais droit à un balai d'honneur. Ils s'entêtent contre le public et finissent par le vaincre. « Tu n'aimes pas cela ? tu en mangeras tout de même ! Ça nous a coûté de l'argent. » Et voilà comme on chargera l'assiette du public, pendant un mois peut-être, de la cuisine de M. Bayeux. »

III

Une olla podrida romantique, dans laquelle il y a du Victor Hugo détrempé dans du Bouilhet, — ce qui fait une odieuse bouillie, — voilà, au fond, la *Jeanne de Ligneris* de M. Marc Bayeux. Pour moi, il est bien évident que M. Marc Bayeux, qui a fait du roman, je crois, et qui s'imagine peut-être qu'on fait du drame, après avoir fait du roman, aussi facilement qu'on monte son cheval à droite ou à gauche, est un écolier attardé de M. Hugo, qui arrive à la classe quand elle est finie. Le dernier des écoliers de M. Hugo, qui est bien plus vieux, lui, M. Hugo, que Corneille : la Calotte, et que Racine : la Perruque; le dernier des écoliers de M. Hugo qui ait appris sa leçon et qui l'ait passablement récitée, est M. Bouilhet. Mais après M. Bouilhet, la classe est fermée, et l'établissement où l'on apprenait ces choses-là ne va plus. M. Bouilhet est le Campistron de M. Victor Hugo, et je puis le supporter; mais que M. Bouilhet ait aussi son Campistron à son tour, voilà qui nous mène droit à M. Bayeux. C'est abominable. C'est la fondrière romantique crevée jusqu'au fin fond, et dans laquelle on reste envasé.

Comme la dernière pièce de M. Bouilhet, qui a peut-être même donné à M. Bayeux l'idée de la sienne, la *Jeanne de Ligneris* se passe au XVIe siècle. L'auteur — m'a-t-on conté — avait d'abord été assez *crête de coq*, comme disent les Anglais, pour l'intituler crânement : *l'Amour au seizième siècle*, mais le coq a mesuré la longueur de ses ergots et il a rabattu sa crête. Il s'est contenté modestement de prendre pour titre le nom de l'héroïne de son drame. La donnée de ce drame est tout entière, si je ne me trompe, dans un des contes les plus nobles et les plus touchants des *Contes drolatiques* de Balzac (*le Frère d'armes*). C'est la garde d'une femme confiée par un mari, pendant son absence, à un ami de cœur, un frère d'armes, lequel devient amoureux (naturellement) de la femme qui lui est confiée et qu'il a promis si imprudemment de garder, mais veut rester fidèle et pur malgré les coquetteries infernales de la Dame, qui nous a varié plusieurs fois la scène si connue de Mme Putiphar et de Joseph. C'est cette donnée, terriblement délicate au Théâtre, et dont M. Marc Bayeux a non pas conjuré, mais affronté le danger. Il l'a rendu encore plus grand par les détails qu'il y a mêlés: l'abjection du personnage de Jeanne, qui n'est pas même une Mme Putiphar, — laquelle, du moins, n'en voulait qu'à Joseph, — et la générosité de l'ami du mari, essayant de sauver une femme qu'il méprise, et se donnant, pour elle, chaude des baisers d'un reitre, l'apparence de la trahison vis-à-vis de son ami avec qui il se bat et qui le tue.

Je n'entrerai pas, du reste, dans tous les détails d'une pièce qui était bien décidée à être une audace et qui n'a que l'impuissance de s'en tirer... Les sifflets ont simplifié ma besogne. Écrite en ces vers retentissants, redondants et capitans, qui depuis *Hernani* courent les scènes et où la rime n'est pas toujours sûre, — péché capital pour un romantique de la dernière heure, — la pièce de M. Marc Bayeux a succombé sous des longueurs sans nom, des constructions impossibles, des descriptions impertinentes, comme celle de la *salle des armures* dans *Éviradnus* (de la *Légende des Siècles*), retouchées avec la main d'un tout petit Bouilhet; des histoires aussi nouvelles que celle du mouchoir jeté au lion et repris par le chevalier amoureux, l'épée à la main, et racontées avec des lenteurs et des somptuosités de poète qui se sent; et enfin un dialogue dont le pathétique est si maladroit, qu'à chaque instant il se revirait au grotesque. Tout cela avait agacé les nerfs du public, qui, avant que la pièce fût définitivement à terre, l'avait piétinée brutalement.

IV

Les acteurs n'ont rien pu pour elle. Taillade s'est donné beaucoup de peine dans son rôle ingrat de protestant et de Joseph héroïque. Il a eu deux ou trois mouvements à sa façon aiguë et convulsive, qui ont arraché l'applaudissement à cette salle, outrée d'ennui et ricanante. Et c'était difficile comme de prendre un drapeau ! Deshayes, convenable de tenue, a péri sous son rôle. Il avait, vers la fin, de l'humeur contre le public, qu'il fallait avoir contre l'auteur de la pièce, et il a eu le mauvais goût de la montrer quand on lui a fait l'honneur de le rappeler. Que ceci lui soit une leçon ! Laute, lui, a été détestable, franchement détestable dans un rôle détestable de vieillard, — le vieillard romantique, le plus bête de tous, à qui on dit : « vieux ! » comme on dirait : « monsieur ! » C'est lui qui, au troisième acte, a commencé ce rire qui n'a fini qu'avec la pièce. C'est Mlle Essler qui jouait Jeanne, Mlle Essler dont j'ai parlé déjà ici et que je n'ai pas voulu définitivement juger. Elle est maintenant jugée. C'est décidément un germe d'actrice qui n'aboutira pas : un fruit vert qui pourrira avant de mûrir. Sa voix glapissante et acide, son physique grêle et sans puissance, la terminaison de ses tirades accompagnée toujours du même geste saccadé qu'elle croit énergique, la pauvrette ! ses manières de s'asseoir par terre quand il faudrait tomber, et ses traîneries par terre sur... *ce sur quoi elle s'assied* (voilà comme elle m'oblige à parler !), n'ont pas, certes! dans la sifflerie générale, été sifflés comme il aurait fallu ce soir.

Mlle Fassy est un page à qui il faudrait refaire d'autres jambes et d'autres genoux, ou qu'il faudrait supprimer. Je sais bien qu'il est dur de dire cela à une femme. Mais, enfin, on n'est pas née en pantalon *juste* et on peut toujours n'en pas mettre. Quant à Mlle Agar, que j'ai gardée pour la dernière, et qui faisait le rôle de je ne sais quelle noire Bohémienne, inutile dans la pièce et qui ne s'y trouve que par respect pour la tradition romantique, elle a été aussi insignifiante que dans son rôle de Gonerille (*Roi Lear*), et beaucoup moins bien mise, quoiqu'elle portât les mêmes couleurs : rouge, noir et or. Il paraît que c'est sa livrée. Il est des gens qui, comme à Mlle Essler, font une réputation à Mlle Agar. Je ne trouve pas encore que cette réputation soit justifiée.

Sa tête est belle et pure, oui! sans puissance tragique, et malgré la noirceur de l'œil, elle n'a pas le masque terrible qui méduse; ce n'est qu'une tête tragique de vignette. La voix ne vibre pas, elle est molle dans le creux... et le creux ordinairement retentit. Elle a les bras de son visage, — mais le dos, ah! le dos (était-elle mal habillée ce soir?... je veux le croire!) est le dos de Mlle Thersite. En somme, Mlle Agar ne sera, je crois, qu'une servante de tragédie, comme l'autre Agar était servante chez Abraham, et, pour mon compte, je la renverrais bien au désert.

P. S. — Une observation, en post-scriptum, à M. le Directeur de l'Odéon.

Ce soir, le lustre de la salle, très éclairée du reste, a cassé ses verres, et les morceaux en sont tombés sur la tête des spectateurs de l'orchestre. L'un d'eux a été blessé. S'il y avait eu un filet sous le lustre, pareil accident ne serait pas arrivé. Ce n'était pas assez des vers de M. Bayeux; il fallait encore *ceux-là!*

MADEMOISELLE KAROLY

(THÉATRE-FRANÇAIS)

Samedi, 12 septembre 1868.

I

Sans le Directeur des Français, nous n'aurions aujourd'hui absolument rien à vous dire.

Mais il a fait cette semaine une crânerie.

Il a mis sur le premier Théâtre-Français, une actrice chassée (il y a plusieurs années) du second !

Et chassée, non ! ce n'est pas le mot. Ce n'est pas chassée qu'il faut dire, mais tuée, anéantie, jetée aux oubliettes. Et quoique ce ne soit pas un héros d'initiative que M. Thierry, il a eu l'idée hardie de reprendre cette massacrée à ces oubliettes qui l'avaient engloutie, et de lui dire: « Prouvez d'abord que vous n'êtes pas un cadavre ! et puisque vous vivez, qu'on n'avait pas le droit de vous tuer. »

Et alors, dans cette semaine vide de tout intérêt, de toute nouveauté, de toute première représentation, pendant ce moment de l'année où la Mort et le Néant planent sur le monde des Théâtres, Mlle Karoly a débuté au Théâtre-Français, ce désert, ce cimetière de Théâtre-Français, et y a surgi, comme une femme qui revient de la tombe, dans le rôle d'Émilie de *Cinna*.

Elle y a trouvé la tunique encore brûlante de Rachel, et elle a bien osé la mettre, — plus crâne encore, elle, que M. Thierry !

II

Vous la rappelez-vous, cette Mlle Karoly?... Vous rappelez-vous sa sombre histoire?

J'ai entendu dire à ceux qui l'ont vue à l'Odéon, que cette femme, bloc dégrossi à peine de chair musclée, qui ressemblait à Hercule dans la robe d'Omphale, n'était ni plus ni moins qu'une cuisinière, un cordon bleu *défroqué* de son tablier, qui avait voulu changer en poignard son couteau de cuisine et qui y avait réussi. Il paraît que cette échappée du fourneau en avait la flamme dans le ventre. Cette fille du peuple possédait, brut mais puissant, comme il arrive parfois aux femmes les moins cultivées, l'instinct du grand vers et des mouvements tragiques. Dans la Pauline de *Polyeucte*, elle était presque belle ; formidable dans Lady Macbeth ; et dans la Camille des *Horaces*, elle enlevait la salle à la force de son poignet !

Le parterre prenait goût à cet enlèvement ; car ils sont comme les femmes, les parterres, ils ne haïssent pas qu'on les enlève ! Mais l'Odéon d'alors, — qui ressemblait, hélas ! à l'Odéon d'aujourd'hui, — livré aux influences d'anciens comédiens du Gymnase, qui avaient travaillé dans le magasin de charpentes Scribe et compagnie, eut peur de la tragédienne qui commençait de paraître et de briser sa dure enveloppe. Aussi la battit-on en brèche, la malheureuse fille ! et se mit-on à la démolir, membre à membre. Elle avait des acteurs qui la secondaient et dont l'électricité répondait bien à la sienne, entre autres, un nommé Emmanuel, qui promettait aussi un acteur tragique. On l'en priva. On remplaça cet Emmanuel par un juif nasillard, un Nasica de synagogue, qui judaïsait le vers à pleines narines. On fit enfin autour d'elle le vide qui tue. Elle se débattit dans ce vide avec les convulsions, avec les épilepsies du désespoir. Elle râlait ses rôles en les jouant. « Est-elle mauvaise! » criaient-ils, quand elle râlait. Jetée à la porte de l'Odéon, elle tomba dans le mélodrame. Puis dans l'oubli, dans l'ombre, et dans quoi encore?... On n'en parlait plus. On n'y pensait plus. Ceux dont elle avait remué les entrailles se demandaient quelquefois où elle était passée?... où elle gisait?... lorsque M. Édouard Thierry (voyez la confiance que s'inspirent tous ces Directeurs!) s'est dit que peut-être les épaves de cet imbécile d'Odéon feraient encore la meilleure aubaine qu'on pût ramasser au Théâtre-Français, et il a ramassé et mis debout cette pauvre terrassée de Karoly!

Eh bien, je trouve cela généreux, hardi, spirituel et méprisant... pour l'Odéon, et quelqu'ait été le résultat, j'applaudis à l'idée de M. Édouard Thierry de toutes mes forces.

Je n'étais pas, malheureusement, à la représentation de l'autre jour au Théâtre-Français, et je me fie peu aux journaux qui en ont parlé. Il disent que l'actrice a été mauvaise. Ils ont parlé d'une voix sourde et même d'une incurable médiocrité... Ont-ils raison? Karoly a-t-elle réellement perdu dans la vie, la triste vie qu'on lui a faite, les qualités abruptes par lesquelles elle pouvait escalader une grande situation au Théâtre? Toujours est-il que depuis l'autre jour j'attendais une seconde représentation et qu'elle n'a pas eu lieu, et que le nom de Karoly n'a plus reparu sur l'affiche. M. Thierry serait-il de l'avis des journaux qui ont parlé de la débutante des Français? L'abandonne-t-il au premier revers, en supposant qu'elle en ait eu un?... Une première, une *seule* représentation ne suffit pas pour juger une actrice, et nous en demandons une autre, et même plusieurs autres, dans l'intérêt de Karoly!... Que dis-je? dans l'intérêt de la justice que M. Thierry a voulu lui rendre, — dans l'intérêt de la courageuse et noble initiative qu'il a prise.

Il ne faut pas que la Massacrée de l'Odéon, qui est tombée sous les injustices et les dégoûts, n'ait été relevée par M. Thierry que pour être étranglée si vite, en un soir, entre les deux portes du Théâtre-Français!

P. S. — Au moment de mettre sous presse, nous apprenons que les débuts de Mlle Karoly continuent aux Français.

A la bonne heure!

DÉBUTS DE MLLE KAROLY

(THÉATRE-FRANÇAIS)

Lundi, 21 septembre 1868.

I

Je l'ai vue enfin, — la terrassée de l'Odéon! Je l'ai vue deux fois cette semaine, et j'espère, pardieu ! bien, que c'est elle qui va terrasser ses ennemis. Ils lui resteront sous les pieds comme un escabeau. *Scabellum pedum tuorum...* La première fois, c'était dans Monime. Un rôle ingrat pour elle, un rôle de douceur, de pudeur rougissante, de distinction pure, de mélancolie racinienne, qui naturellement n'était pas dans les *moyens* d'une fille comme elle, vigoureuse, passionnée, physique, animalement belle avec ses bras musclés d'Amazone et son visage au nez court, à l'angle facial de panthère. Mlle Karoly n'est pas belle, régulièrement belle. Mais elle est *pire*, comme disait Mme Dorval, qui, elle aussi, passa pour laide, et qui avait des moments de beauté sublime! Grande, de riche taille dramatique, la hanche d'un Bacchus plus que d'une bacchante, mais le sein assez proéminent pour que je ne me permette plus de parler d'Hercule dans la robe d'Omphale. Virile femme que cette Karoly, mais femme, Dieu merci! Voilà le solide trépied humain sur lequel le feu tragique peut maintenant descendre! Sa voix... Ils disaient, les petits garçons des petits journaux ameutés contre elle, qu'elle n'avait pas de voix, et elle en a une qui éclate, et puis qui se brise d'une façon même très touchante après qu'elle a éclaté. Il y a, du reste, plus de brisements que d'éclats dans ce rôle de Monime. Mais je l'ai entendue depuis dans Camille, et dans Camille, il y a les deux.

Du reste, la voix, au Théâtre, on se la fait quand on ne l'a pas. On se fait une voix avec son émotion, quand on sait s'émouvoir... L'émotion la va chercher au fond de ce mystère de la sensibilité humaine, et il faut bien qu'elle vienne! C'est comme l'enfant qu'on a saisi au fond d'un gouffre et qu'on ramène... On la tirerait plutôt de ses talons! Mais Mlle Karoly a naturellement une voix. Seulement, ces messieurs, que je ne crois pas des Ulysses, se sont bouché leurs oreilles, qui me font l'effet d'être longues, avec la cire à cacheter du parti pris.

S'ils avaient cacheté leurs articles, n'importe avec quelle cire, ils auraient mieux fait. On ne les décachèterait pas !

II

Elle a donc joué Monime Samedi dernier, le jour même où nous demandions des représentations pour elle... Elle l'a jouée, non pas avec cette nuance délicate, tremblante, cette divine hypocrisie à la La Vallière qu'elle n'a pas, qu'elle ne peut pas avoir... mais qu'un jour elle aura peut-être. Mme Dorval, non plus, n'a pas eu tout de suite ces *perles de jeu*, qui se formèrent lentement, comme les perles se forment, au fond de sa nature d'élan passionné et parfois vulgaire au repos. Elle les eut pourtant (dans : *Quitte pour la peur* et dans : *Ketty-Bell*), ces perles de jeu qui n'étaient pas seulement faites que de l'eau de ses larmes. Mais si ces perles d'art exquis et consommé ont manqué ici, n'allez pas croire que tout a manqué ! Karoly a joué Monime douloureusement, et trop douloureusement peut-être ; — mais cette douleur aux yeux presque fermés, ces yeux trop tragiques dans ce rôle de colombe, ces yeux qu'elle semblait craindre et surveiller; mais l'immobilité de cette douleur attachée comme un masque pâle sur ses pommettes un peu saillantes; mais ce cou si pathétiquement renversé de Niobé,—de Niobé, c'est vrai, plus que de Monime, — ont pénétré ceux qui étaient là d'une émotion à laquelle ils ne s'attendaient pas.

On a applaudi, — lentement applaudi, comme si on s'étonnait de la voir dans ce rôle de Monime. Oui! c'était l'étonnement qui n'en revenait pas et qui se faisait prier pour applaudir. Mais au cinquième acte, ce n'a plus été l'étonnement. Voilà qu'elle est devenue superbe en ôtant son diadème de Monime, ce diadème avec lequel Monime veut s'étrangler! Ses cheveux noirs, qu'elle a merveilleusement plantés, pour des effets d'énergie, sur son front bas mais puissant, se sont alourdis et affaissés, sans se dénouer, sur son large cou et autour de sa tête, et le tout a pris, à l'instant, un caractère qui a été une métamorphose. Alors, ce n'a plus été l'Étonnement, mais la Justice, qui s'est mise à applaudir! Alors, moi, j'ai vu briller l'éclair qui m'annonçait Camille, Camille que je viens de voir, ce soir même, avec deux yeux tout pleins de Rachel encore, qu'elle, Karoly, ne m'a point essuyés de Rachel, mais qui ont pu la regarder, elle, et trouver qu'elle est aussi une Camille à sa manière, et que la beauté ou la vérité dramatique n'est pas une statue de bronze uniformément coulée d'un même jet et dans un même moule, mais une statue de marbre, qui peut être taillée avec vingt ciseaux différents!

III

Rachel, — qui l'a vue la voit toujours! — c'était, avant tout, la noblesse. Très belle, quoique les bourgeois la trouvassent laide, — et peut-être, pour cette raison, très belle, — avec son front renflé, son profil volontaire, son cou mince, qui portait sa tête élégante et fine comme les canéphores portaient leurs corbeilles; mais d'ensemble trop grêle pour la perspective du Théâtre, trop statuette, pas assez statue, Rachel, qui ornait la scène mais qui ne la remplissait pas, était la noblesse bien avant la passion. Elle l'était pendant et après. Karoly, c'est absolument le contraire. C'est la passion toujours, la passion qui rencontre quelquefois et souvent la noblesse. Dans ce singulier pays de France, qui se croit passionné (une fatuité de plus!) et qui ne l'est point, croirait-on que ce que l'on préfère à la passion, c'est la convenance? Et voilà surtout le succès de Rachel! Voilà pourquoi les admirateurs de Rachel grinceront des dents peut-être contre Karoly. Mais, après tout, comme Camille, dans la pièce de Corneille, n'est pas une princesse, Karoly n'en sera pas moins Romaine par la passion, — plus Romaine que Rachel, la noble et fine Rachel! La passion de Karoly pour son Curiace est bien la passion d'une fille de la louve que tétèrent Rémus et Romulus, des frères aussi qui s'égorgèrent, et, en la voyant, j'ai compris ce qu'on m'avait dit d'elle. La salle aussi.

La salle! Elle l'a écoutée avec l'attention et le frisson revenus comme au temps de Rachel... On l'attendait, Karoly, aux imprécations, et elle les a dites avec des rugissements doubles, des rugissements en dehors et en dedans; car de cette voix qui se brise et dont j'ai parlé, elle a su faire des rugissements étouffés d'un plus grand effet que ceux qui éclatent et qui sortent. C'est ainsi qu'elle a dit les fameux et terribles vers :

> Voir le dernier Romain à son dernier soupir,
> Moi seule en être cause, — et mourir de plaisir!

Elle semblait en mourir vraiment, de cet horrible plaisir! Et la manière dont elle a piétiné ce dernier Romain, qu'elle voyait tué par elle dans sa rage, a été d'un geste encore plus beau que ce qu'elle a dit.

On n'a plus tardé l'applaudissement. Il a éclaté, franc et formidable. Elle a été rappelée, et j'ai bon espoir que nous la rappellerons encore!

IV

Du reste, je veux le dire pour qu'on l'entende, moi qui malheureusement n'ai pas souvent le plaisir de louer, elle a été très bien secondée par Mauban et par Mlle Tordeus. Mauban, très beau sous le cercle d'or du diadème dans Mithridate, d'un jeu sonore très appuyé mais pas assez plein, Mauban, moins beau sous le front dégarni du vieil Horace, a pourtant mieux joué le vieux père romain que le grand adversaire des Romains, C'est que Mauban, cet homme de métier, avec son métier qu'il sait bien, exprime mieux et plus aisément le sentiment simplement héroïque du vieil Horace, que les sentiments à contresens de son âge et les hautes pensées de politique et de guerre qui s'y mêlent, dans un homme de la grandeur de Mithridate. Pour ceci, ce serait le génie profond de Talma qu'il faudrait. Mlle Tordeus, que j'avais vue mauvaise dans je ne sais plus quelle comédie, m'a donné le plaisir de la surprise. Cette jeune fille, dont le nom va si bien à une tragédienne, pourrait en devenir une un jour. Ce soir, Karoly ne l'a point écrasée. Plus mince, plus jeune, moins ample et moins fauve que Karoly, avec un visage un peu turgescent et une bouche qui manque de pourpre sanguine, elle a eu du feu dans la voix, si elle n'en a pas eu dans la couleur de ses lèvres. Ses bras très fins — des bras à la Rachel — ont l'énergie nerveuse de la faiblesse, et la grâce et la longueur antiques. Très bien drapée dans son péplum safran, elle ressemblait à une des Romaines ou des Sabines de David. Elle a eu des poses *très pensées.* Entre autres, celle où elle s'appuie sur le dos du fauteuil, la tête cachée entre ses bras, — une pose magnifique d'affliction tumulaire. Cela valait, dans un genre différent, pour la beauté plastique, l'entrée de Karoly au second acte, lente, pesante, froncée, portant déjà, comme une cariatide, tout un monde d'inquiétudes sur un front accablé; ou encore cette torsion si éloquente de son vigoureux corps brisé dans le dur fauteuil romain où elle s'est renversée, la tête pendante comme sous le couteau du victimaire, tout le temps que dure le récit du combat et de la mort de Curiace.

C'est surtout pour la plastique de son jeu que Mlle Tordeus a mérité d'être applaudie, et le geste, vous le savez, c'est encore plus l'acteur ou l'actrice que le mot!

Bonne soirée, en somme, pour le Théâtre-Français. Que la généreuse et spirituelle initiative de M. Thierry lui profite! et que Karoly trouve à ce Théâtre-Français, qui est bien le Théâtre de la Tragédie et qui peut toujours le redevenir quand il cesse de l'être, le socle sur lequel son talent puisse s'affermir et se purifier! Elle n'est encore que la Thérésa de la Tragédie,—mais l'on sait, au *Nain jaune*, l'idée, la haute idée que j'ai de Thérésa, cette autre fille du peuple dans laquelle je crois discerner un avenir dramatique qui couve, et qu'un Directeur de Théâtre d'audace et de génie, s'il y en avait, pourrait faire éclore. En deviendra-t-elle la Duchesnois?

Talent râblé déjà, assez fort pour passionner l'opinion en sens contraire; créature de lutte, faite pour réussir. Certes! j'encouragerai le plus que je pourrai, dans la mesure de mes forces, les efforts de cette fille vaillante qu'on croyait et qu'on voulait morte, et que voilà plus vivante que jamais. On m'a reproché d'avoir parlé de cette légende qui la faisait une cuisinière... Mais qu'importe ce qu'elle ait été et d'où elle soit sortie! Le talent est la plus noble et la plus belle des aristocraties humaines, et elle en a.

Quand il existe, on est toujours né sous un dais.

LES FAUX MÉNAGES

7 janvier 1869.

I

Pourquoi le Théâtre-Français, qui s'appelle fastueusement : la Comédie française, ne s'appelle-t-il pas plutôt : le Théâtre du Drame français, puisque, à part Molière et Beaumarchais, dont il est la grande et officielle serinette, on n'y joue plus que des pleurarderies vertueuses ?... Celle que je viens de voir ce soir complète et couronne toutes les autres. Sous ce titre un peu prude de *Faux Ménages*, auquel j'eusse préféré quelque titre plus franc et plus robuste, luisait pourtant l'idée d'une comédie et d'une mâle comédie, venant bien à temps dans nos mœurs ! Quand nous sommes à la veille de l'abolition du mariage chrétien; quand un historien du talent de M. Michelet parle sérieusement — sans se rire lui-même à son propre nez — du mariage *devant le soleil et devant la nature;* quand des femmes à prétentions politiques (autre sujet de comédie pour les Aristophanes du jour, s'il y en avait!) proclament, du haut des tribunes ou des chaires, d'où les hommes, plus plats qu'elles ne sont orgueilleuses, ne les font pas dégringoler sous les coups de fouet du ridicule, que le divorce est insuffisant aux aspirations de la liberté conjugale et que le concubinage est la seule chose digne de l'honneur et de la fierté des femmes du progrès, une comédie sur les petits concubinages du présent, en attendant les grands de l'avenir, aurait, au moins, avec les autres mérites qu'elle pourrait avoir, celui de l'opportunité. Malheureusement, rien n'est plus commun, dans ce temps d'énervement universel, que de voir un homme ayant la bonne fortune de rencontrer une idée et ne pouvant ni la porter avec vigueur, ni la manier avec puissance. C'est même le caractère de ce temps. M. Sardou ne vient-il pas d'oser toucher, avec ses toutes petites menottes, qui font si gentiment la *tire* intellectuelle, au seul type vierge qui soit encore dans notre société, et que Balzac, qui ne l'a pas touché, lui, se réservait peut-être pour le moment où, prodigieux esprit grandissant à chaque œuvre, il serait sûr de la force culminante et absolue de son génie? Oui! M. Sardou a fait ou a cru faire la *Dévote,* et M. Pailleron, les *Concubinages contemporains.* Cela s'appelle *Séraphine,* et les *Faux ménages.* M. Sardou, l'auteur des *Pattes de mouche,* n'a jamais eu que ces pattes-là, et M. Pailleron n'a pas beaucoup plus au bout de ses manches. C'est, en littérature, une main fine qui travaille en petit; une main passe-partout, assez experte en enluminures; une main d'éventailliste, enfin, qui, dernièrement, a peinturluré un petit éventail pour le Gymnase, et qui, maintenant, vient d'en faire un sur un sujet à larmes, pour le Théâtre-Français.

Et l'éventail a paru un tableau aux caillettes qui remplissaient, ce soir, la salle du Théâtre-Français! Il y en avait beaucoup autour de moi, de vieilles, en habit noir, à l'orchestre, qui, affligées de calvitie et tournant aux sentiments moraux depuis que leurs cheveux sont tombés, ont applaudi d'enthousiasme aux miévreries vertueuses de M. Pailleron. Elles ont trouvé cet éventailliste un fort peintre de mœurs... C'était curieux de voir comme ils se tordaient dans leurs abominables habits noirs, tous ces vieux hommes qui savent la vie pourtant, en écoutant pleurer et en voyant poitriner Mlle Favart! Il était évident que ce n'était pas là une affectation; il était évident qu'ils *sentaient* leurs applaudissements, et qu'ils trouvaient naïvement très belle, très pathétique et souvent très grandement faite, la berquinade de M. Pailleron. Et pourquoi pas, du reste?... Elle était de taille avec eux. L'éreintement applaudissant à la morale madrigalesque des *Faux Ménages*, et aux grâces innocentes et vertes, et même un peu trop vertes, de Mlle Reichemberg, cela devait être et faire à M. Pailleron un succès certain, et qu'il a eu. Je constate qu'il l'a eu... Et cependant, tout éventailliste qu'il soit, ce jeune M. Pailleron, il y a cependant dans son talent plus de paille encore que de paillette; mais pour lui, voyez-vous la chance ! ç'a été un bonheur de plus. S'il avait eu autant de paillette qu'il pouvait en avoir, par exemple, il n'aurait pas été joué, ce soir, au Théâtre-Français, où Beaumarchais — s'il n'était pas dans la tradition — n'arriverait plus ! Et certainement il ne serait pas entré non plus à la *Revue des Deux Mondes*, d'où il sort maintenant pour entrer partout. Songez donc ! à la *Revue des Deux Mondes*, cette maison peu étincelante où l'on préfère à la paillette une honnête paille, et où l'on en mange et même où l'on en fait manger.

Car, il ne faut pas l'oublier, c'est au râtelier de la *Revue des Deux Mondes* qu'a débuté M. Pailleron. Il a du bonheur ; je l'aurais cru encore trop élégant pour elle. C'est là que j'ai lu ses premiers vers. Ils ressemblaient beaucoup à ceux qu'on vient de nous flûter ce soir... L'éclat de ces vers ne creva point l'œil unique de M. Buloz, qui, en ce moment-là, manquait de poètes pour son exploitation, et qui fut tellement enchanté de trouver, en vers, ce que M. Octave Feuillet était en prose, — un de Musset bien appris et bien sage, — un de Musset, comme les petits pois, sans inconvénient, — que toute sa boutique en tressaillit dans son ventre, et que, comme M. Jourdain, il dit gaillardement à M. Pailleron, en lui tapant sur la cuisse : « Asseyez-vous là, mon gendre, et dînez avec moi ! »

Et il y a dîné. Mais M. Pailleron vient de rendre son dîner à son beau-père, ce soir, au Théâtre-Français. Ne vous y trompez pas! ce qui a triomphé, ce soir, au Théâtre-Français, c'est moins M. Pailleron que la *Revue des Deux Mondes*. C'est la morale, la poésie et l'art de la *Revue des Deux Mondes*. Les applaudissements du public ont prouvé que M. Buloz, ce marchand de melon littéraire, au nez futé, a senti ce que valait M. Pailleron et ce qu'il pouvait rapporter à la *Revue*...

Et comme c'est honorable pour l'esprit français, — pour l'esprit parisien, — pour le premier esprit du monde, — dans la légende ! — que d'être juste au niveau des sensations et des appréciations de M. Buloz, le marchand de melon !

II

J'ai dit un éventail ; je ne m'en dédis point. C'en est un que cette pièce. Un éventail à quatre compartiments. Le premier : la famille montrée, l'intérieur de la famille vraie. Le second : le faux ménage, le concubinage, — mais en taille-douce; le concubinage relevé et moralisé par l'amour ! Le troisième, — et c'est ici que l'enluminure se force et se brouille : — c'est la famille encore, dans laquelle le concubin moralisateur introduit sa concubine moralisée, pour faire, aux yeux de sa maman la preuve singulière que cette concubine est parfaitement digne d'être sa femme. Et enfin le quatrième et le dernier compartiment : la famille encore, la famille triomphant du concubinage, mais à la condition que le pauvre concubin — posé jusque-là comme un homme à caractère — ne sait plus que dire et fiche le camp, *planté là*, comme une femme, par celle qui devait être la sienne et qui se donne à Dieu, pour être à quelqu'un !

Mais quel Dieu ! La toile tombe sur ce grand mot vide. Est-ce le dieu de la *Revue des Deux Mondes* et de M. Buloz?...

Et voilà tout! car lorsque les choses ont cette maigreur et que l'esprit s'impatiente devant ces misères, on n'a pas d'autre analyse à faire que de montrer dans le creux de sa main la petite place qu'elles y tiennent. Voilà, en quatre mots, cette grande comédie des *Concubinages contemporains*, sujet colossal, sur lequel l'exigu M. Pailleron a grimpé comme M. Sardou sur le sujet non moins colossal de la *Dévote*, et d'où ils nous apparaissent, tous les deux, comme deux rats — sur deux éléphants!

On ne discute pas un éventail. Je ne discuterai donc pas la comédie de M. Pailleron. On y a trouvé des situations, mais les situations ne valent que ce qu'on les achète, et si vous ne les obtenez qu'au prix du bon sens sacrifié, de la vraisemblance oubliée et des caractères qui se faussent au bout d'un certain temps quand ils ne sont pas faux tout d'abord, je ne vois pas qu'il faille tant se vanter de ces situations! Par exemple, la mère, dans l'éventail Pailleron, est en matière fondante. Elle aime son fils de vingt-cinq ans, qui fait l'homme fort, car c'est un pédant, — c'est le concubin moralisateur, — comme on aime *son bichon* de douze. Elle donne mal au cœur de tendresse sucrée. Mais si elle n'était pas cela, si elle n'était pas taillée dans cette guimauve où l'on peut s'enfoncer et s'asseoir, elle ne permettrait pas à son fils d'amener chez elle — dans la maison de la famille! — cette concubine, vertu à l'éprouvette, dont il veut, lui, montrer à sa mère les vertus dans l'intimité. Ainsi, le mari, qui a fui la maison et sa femme après les avoir ruinées l'une et l'autre, et qui revient chez lui pour empêcher son fils de faire ce qu'il a fait, est évidemment trop pourri de scepticisme et de mœurs pour pouvoir se retourner avec cette prestesse du côté de la vertu, et pour se confesser et s'accuser, devant la famille assemblée, comme un trappiste devant ses frères. Mais si ce tour de reins n'était pas exécuté prestement par cette vieille colonne vertébrale cariée, il n'y aurait plus cette situation du soufflet donné par le fils au père et que la mère intercepte, et qui les a fait se pâmer d'admiration tous, tant il est facile d'être dupe de situations, à la scène, auxquelles la Réflexion dit, deux minutes plus tard : « Je me repens d'avoir été émue! Vous n'aviez pas le droit d'exister. »

III

Écrits, ainsi que je l'ai dit, en vers dont beaucoup sont des reflets et dont quelques-uns sont même des souvenirs (qu'il prenne garde à sa mémoire, M. Pailleron ; cette *bru* est trop *belle !*), les *Faux Ménages* ont été joués avec l'ensemble qu'on a au Théâtre-Français. Mlle Favart et Delaunay faisaient précisément le faux ménage dont l'auteur voulait nous dégoûter, et qui n'en dégoûte point ! Mlle Favart, il faut en convenir, s'est donné beaucoup de peine. Cette Fargueil de la Comédie française, qui, comme celle du Vaudeville, n'a pas de naturel, mais qui fait lever en elle, à certains moments, la passion, comme on fait lever une bête qui résiste et veut rester couchée, Mlle Favart, à force de s'agiter, de se secouer, de crier, de *vouloir* pleurer et de faire aller son sein comme un soufflet, — mais qui n'est pas de forge, — a fini par trouver, là où ces choses mystérieuses se cachent, plusieurs intonations sincères. Delaunay a bien pris à ce soufflet-là. Il a bien joué, et montré une fois de plus à quel point le métier peut aller dans un homme qui travaille et qui s'est fait en vingt ans ce que, d'organisation, il n'était pas. Delaunay n'était pas né acteur, et il l'est devenu autant qu'on peut le devenir. Avec une voix que j'appellerais presque une *voix lavée* comme celle qui sort d'un rhume de cerveau terminé, avec une voix antiamoureuse d'amoureux, il a pu, ce soir, exprimer l'amour. C'est à Mlle Reichemberg, la petite ingénue du moment, qu'on avait osé confier le rôle très peu ingénu de la fiancée légitime délaissée, la fiancée à l'orgueil cornélien, le rôle le plus faux de la pièce; car on n'a pas à quinze ans de ces prétentions à la fierté, et on ne dit pas à chaque bout de champ : « mon orgueil », sans être une petite pecque insupportable, ce que n'a pas voulu probablement faire, de sa jeune fille, M. Pailleron. Eh bien, cette petite blonderie ingénue de Mlle Reichemberg a joué cela; mais voyez le bonheur toujours! c'est précisément la fillette, la fillette encore dans sa gaine en Mlle Reichemberg, qui a masqué le faux du rôle tenu par elle :

Tout Paris, pour le Cid, a les yeux de Chimène!

Tout le Paris de ce soir, tous les pères et oncles (vertueux ou non) qui s'attendrissaient au Théâtre-Français, — ce ne sont pas des Cids, — avaient les yeux du Cid pour cette petite Chimenette, et cela a sauvé de ses propres sottises M. Pailleron.

Parmi tous les rôles pédants de cette pièce sentimentale et pédante, le plus pédant est peut-être celui de Bressant, qui avait la prétention d'être le rôle comique, et qui, commençant par le rire, a fini, plus que les autres, par préchailler ! Bressant joue le père, le vieux comte de Riom, qui a tout quitté pour aller faire au loin un faux ménage.

La tête que s'est faite Bressant est merveilleuse de réalité abjecte et spirituelle. La voix aussi, dans sa traînerie et dans son éraillement. Hogarth le terrible n'eût pas mieux dessiné un vieux mauvais sujet, qui juge son vice. On m'a dit que le rôle ne plaisait pas à Bressant. Mais qu'il tire donc parti des rôles qui lui plaisent comme des rôles qui ne lui plaisent pas! Je ne lui ferai qu'un reproche, qu'il devra même à M. Pailleron. Quand le comte de Riom, le *blagueur* ramolli, tourne de si court du vice à la vertu et se déniche tout à coup dans son cœur gâté un amour pour son fils, qui part comme le petit bonhomme d'un jouet à surprise, Bressant, se confessant et s'accusant en famille, y a l'air d'un vieux pauvre demandant l'aumône. Il a vraiment l'air trop piteux. Puisqu'il se repent, il se relève, et puisqu'il se relève, il doit avoir l'air plus noble que cela! Il doit aussi relever son attitude et sa voix. Bressant, qui a exprimé le rôle du comte plus profondément que M. Pailleron ne l'a écrit, me comprendra bien quand je lui dis cela...

Coquelin, malheureusement, lui, n'a dans les *Faux Ménages* qu'une scène à tirade, mais sa voix mordante et claire y donne aux vers de M. Pailleron l'air d'être forts, quand ils ne sont que des vers de la *Revue des Deux Mondes*. Enfin, peut-être que le meilleur des rôles de cette pièce est celui où l'on parle le moins. C'est le rôle d'un abbé, syncopé par le respect à chaque bout de phrase, quand il a tout de même sa petite pensée et sa petite conscience qui se remuent au fond de sa soutane. Thiron joue cet abbé, et de geste, de voix, de figure, il est adorable de vérité grotesque et charmante.

Ainsi, qu'on le constate, si on n'y souscrit pas ! succès par les acteurs autant que par la pièce. Un seul sifflet a coupé les applaudissements unanimes, un seul sifflet aigu... et je suis bien aise de le dire à M. Pailleron, gendre de M. Buloz, ce n'était pas le mien !

LES DROITS DU CŒUR

LA ROULETTE — LE MOT DE LA FIN, REVUE

Vendredi, 22 janvier 1869.

I

Deux jours après le *Passant*, de M. Coppée, joué à l'Odéon, ils nous ont donné une pièce intitulée : les *Droits du Cœur*. Pour une comédie, ce titre ne promettait rien de bien comique. Les *Droits du Cœur!* cela ne devait pas flairer comme baume au nez de ces vieux malins de moralistes qui veulent encore rire à la comédie, et qui croient qu'elle n'a même été instituée que pour cela. D'un autre côté, au point de vue de la morale sans rire, les *Droits du Cœur*, cela ne sentait pas très bon non plus! Le cœur a peu de droits, si ce n'est chez M. Prudhomme. Il a des sentiments, — ce qui, certes! n'est pas la même chose; — mais dans la vie morale et ses conflits, ces sentiments doivent être toujours sacrifiés au devoir, — au devoir, qui est le seul droit! Sur le titre seul de la pièce, on aurait pu penser que si l'auteur avait au ventre l'audace de son titre, nous allions entendre au Théâtre une rude thèse sur une de ces questions chères au public, à ce public qui se débonde de liberté et qui ne parle que de droits à propos de toutes les jouissances, dans ce drôle de temps qui fait de si drôles de succès!

Mais brrrrrr!... Rien de tout cela. Soyez tranquilles! L'auteur des *Droits du Cœur* n'est pas un Titan de questions sociales, l'honnête jeune homme! C'est l'auteur d'une pièce qui a réussi, dit-on, autrefois; une pièce que je ne connais que par son titre bucolique: *Au printemps!* Drôle de titre pour une comédie! mais nous sommes dans une époque de drôleries et de drôles, où tout est mêlé, renversé, confondu et... fondu. Ce jeune homme, dont on a parlé beaucoup autour de moi l'autre jour à l'Odéon, et qui est intéressant et bon comme Chapelain était dans sa jeunesse, ce Chapelain qu'il ne fallait pas attaquer comme poète à cause de ses vertus privées, est M. Laluyé... Cela ressemble à L'ennuyé. Seulement, si c'était L'ennuyé, il y aurait encore deux lettres à ajouter à son nom !

Ce M. Laluyé est, comme M. Pailleron, — et tant d'autres, — le porteur d'une idée qui lui a cassé les reins... qu'il n'avait pas pour la porter. Opposer énergiquement le père du vice ou de la passion qui abandonne son enfant, au père de la pitié qui le trouve, le prend et l'élève ; retourner de la mère à la fille le jugement de Salomon, oui, par Dieu ! c'était une idée. Mais quelle force ne fallait-il pas pour jouer avec les cornes de ce taureau-là ! M. Laluyé n'est capable que de jouer avec un veau... Il a bien mis les deux pères face à face, et l'enfant, au cœur écartelé, entre les deux... Mais savez-vous comment il s'est tiré de cet immense débat, de cet immense déchirement, l'honnête jeune homme que cela fait ? Oh ! il s'est jeté dans son honnêteté, à corps perdu, comme Gribouille dans l'eau, de peur de se mouiller ; il s'est vautré dans la vertu et dans les larmes. Il a fait son père n° Ier — son père de la pitié — vertueux ; — mais il a fait non moins vertueux son père de l'abandon, son père n° II, et ç'a été tout le temps de la pièce une véritable indigestion de paternité et de vertu ! Indigérer de vertu, ce n'est pas un moyen de la faire aimer... Les indigestions de homard, on en a pour quinze jours à n'en plus manger. Mais les indigestions de vertu, ça dure plus longtemps... M. Laluyé fait aller l'enfant (qui est une fille) de l'un à l'autre père. Elle se balance, en pleurotant, entre les deux. C'est l'escarpolette de l'amour filial. Mais comme il faut une fin à cette balancelle... ou à cette balançoire, qui ne peut durer la vie éternelle, le père de l'abandon, qui est celui de la nature et de la société, cède sa fille à l'autre père, — touché de son amour, gratuitement paternel, — et l'abandonne une seconde fois... pour n'en pas perdre l'habitude!

Et voilà!

Franchement, ce n'est pas compliqué. Ce n'est pas retors. C'est simple et... pur, de la plus douce, de la plus soyeuse et de la plus ineffable platitude. Et tout est à l'avenant dans la pièce de M. Laluyé. L'honnête jeune homme d'auteur a poussé l'innocence jusqu'aux vers... qui sont des vers blancs. Ils ne sont pas même rimés. Eh bien, malgré tout cela, ce m'a été, le croira-t-on? un débarras! Figurez-vous un poète dramatique qui eût conclu, comme M. de Girardin, que c'est la mère qui doit faire la *possession d'état* de l'enfant!... C'était là une idée très digne du génie sophistique de ce temps bysantin, et qui avait chance de réussir... Au lieu de cette conclusion... possible, et que je sentais comme Job sentait le petit vent de l'esprit qui lui faisait hérisser le poil, nous avons eu l'émigration du père gêneur, dans ce trop plein de pères... comme, dans les *Faux Ménages* de M. Pailleron, nous avions eu la disparition du concubin courageux et fuyard, qui s'en va de la scène pour finir, la pièce et qui peut retrouver, s'il le veut, mademoiselle sa concubine au premier carrefour !

C'est donc maintenant une loi du Théâtre. Quand, au dénoument, un personnage gêne, on le fait filer. C'est le mot de Roxane appliqué au Théâtre : « Sortez ! »

Et nous l'avons souffert ! Les Muets du sérail ne sont pas plus muets. Le *Gusman* de la vertu n'a pas rencontré d'*obstacles*..... Nous étions tous de bons et honnêtes garçons à l'Odéon, ce soir-là, et nous avons battu des mains à l'honnêteté... bestiolette.

La pièce de M. Laluyé est bien jouée par Laute *seul*, qui s'est fait un masque de médecin admirablement composé, et qui a été d'un naturel parfait tout le temps du rôle. La fille aux deux pères était une toute, toute petite jeune fille, Mlle Élisa Thomas, la Mlle Reichemberg de l'Odéon ; car elle ne m'a pas fait l'effet d'avoir plus de seize ans. Elle est très jolie. Elle n'est pas encore une aurore, mais c'est une aube de jeune fille, — un point du jour dans la beauté. Les femmes auraient la hardiesse de dire qu'elle est à peine formée.

Mais qu'elle ne se presse pas de l'être! Son torse est mince à plier sous le poids de la robe traînante. Le dernier coup de ciseau du sculpteur invisible qui va les arrondir manque encore à ces bras, qui seront tout à fait ronds demain. La poitrine n'est pas venue, mais que la place où elle va arriver est déjà charmante! Les femmes sont si naturellement comédiennes, que Mlle Élisa Thomas, dont le jeu n'est pas plus achevé que la beauté, a placé à ravir deux ou trois mots de l'intonation la plus heureuse. Elle deviendra, probablement, une actrice, dans le sens d'art de ce mot, et belle. Mais cette heure délicieuse d'indécision et de promission dans le jeu et dans la beauté, cette heure de gaucherie céleste, jouissons-en, elle et nous! car nous, nous la perdrons. et elle, elle ne pourra plus la retrouver.

II

Il nous aurait fallu une revanche à la pièce de M. Laluyé cette semaine. Nous l'avons cherchée

Mercredi aux *Variétés*, mais nous ne l'y avons pas trouvée. Quand on a sur son pauvre estomac une pareille pile de meringues à la crème; quand on a été obligé d'avaler tant de sentimentalités vertueuses, rire un peu ferait tant de bien! Cela remet le cœur à sa place. Darius, le roi de Perse, a bu dans une ornière. Où n'irons-nous pas boire un peu de rire et de gaieté par ce temps où l'ennui, le sentiment pleureur et... menteur et le pédantisme, nous tuent?... Aux *Variétés*, Mercredi, ils jouaient la *Roulette*. Et qu'est-ce qu'on demande aux *Variétés?*... Ni art, ni combinaison, ni langage, ni littérature, mais un peu de verve et de feu de gaieté, retroussée et déboutonnée. Quand les *Variétés* ne nous en donnent point, elles sont bien coupables!... On ne leur demande que cela. Eh bien, Mercredi, elles ont été coupables et presque criminelles; car elles ont été ennuyeuses. La *Roulette*, qui devait être une photographie des mœurs des grands tripots, n'a été qu'une farce froide et triste, — d'une gaieté de croque-mort en fonctions; car au cabaret, après l'enterrement, il paraît qu'ils sont plus gais que cela, ces gueux de croque-morts! Ils sont gais comme les femmes, — quand ils nous ont croqués.

Mais la revanche que je cherchais Mercredi, je l'ai eue, ce soir, au *Mot de la fin*, la Revue des *Variétés*, par MM. Siraudin et Clairville. On y a richement ri. Ce n'est pas, dit-on, le diable qu'une Revue, mais, au moins, c'est un bout de sa queue, et de ce bout de queue, MM. Clairville et Siraudin ont très bien joué. Ils ont frétillé, Dieu sait la joie! Chez les chiens, le frétillement de la queue a été appelé : le balancier du cœur. Chez le diable, c'est le balancier de l'esprit, et je l'aime un peu mieux que le balancier du sentiment filial, entre les deux pères de M. Laluyé! Le cadre de la Revue des Variétés est très neuf et très piquant, et pour vous donner envie d'y aller voir, je ne vous dirai pas ce qu'il est! Les acteurs — et *tous!* — excepté dans la scène des matelots du capitaine Lambert — y sont étonnants.

C'est de la plus comique contrefaçon dramatique, salée et poussée jusqu'à la caricature... Mlle Silly, exécrable Mercredi, quand, dans son premier morceau de la *Roulette*, elle imitait, volontairement ou involontairement, mais sérieusement, Thérésa, est excellente quand elle l'imite et qu'elle la *charge* dans le *Mot de la fin,* et Thérésa elle-même rirait de cette imitation chargée qui lui attesterait la force de sa personnalité d'artiste. Ici, Mlle Silly fait la caricature de Thérésa, mais elle ne *croit pas l'être*, et voilà pourquoi elle est excellente. Si elle se croyait sérieusement Thérésa, je n'aurais pour elle que le sentiment assez méprisant qu'on a pour toute imitation, même réussie, — et d'autant plus qu'elle est réussie.

Les imitateurs sont les rongeurs des esprits originaux et personnels; et s'il y avait de la *poudre aux rats* en littérature, c'est par elle qu'il faudrait traiter les imitateurs!

LE COMITÉ DU THÉATRE-FRANÇAIS
M. ALEXANDRE DUMAS PÈRE

31 janvier 1869.

I

Puisque la *marée* dramatique a manqué cette semaine et que nous n'avons pas une seule *première représentation* à vous raconter; puisque les piécettes à succès idiotement facile, dont nous avons déjà parlé, continuent de faire, chaque soir, leurs ronds et leurs endormants ronflements de toupie, nous profiterons de ce loisir forcé pour vous parler d'une question théâtrale qui a été prestement résolue et sur laquelle, selon nous, on s'est prestement trompe... Il ne s'agit de rien moins que de la réforme du Décret de Moscou et de la nouvelle organisation du Comité du Théâtre-Français... Question plus grande qu'elle n'en a l'air; car d'elle et de sa solution dépendent les destinées de l'Art dramatique, mises en si grand péril pour l'heure. Messieurs les Critiques du Lundi en ont peu parlé. En dehors des premières représentations, où ils se rigolent et se gorgiasent, messieurs les Critiques du Lundi ne disent pas grand'chose. C'est leur manière de parler. Ils n'ont pas l'initiative pétillante, ces gros chats ronronnants et coupés de la stalle d'orchestre! Une seule voix distincte s'est élevée sur la réforme introduite au Comité du Théâtre-Français, et cette voix, qui semblait être compétente et qui devait avoir de la portée, aura prouvé une fois de plus que presque toujours, et en toute matière, le Poëte et le Critique, c'est deux!

Il y a, en effet, quelques jours, que M. Alexandre Dumas publiait, dans le *Moniteur*, deux longs articles, très déduits, sur le Comité du Théâtre-Français et la modification qu'on venait de lui faire subir. M. Alexandre Dumas, sans être le Père Jupiter qu'il peut se croire en Art dramatique, n'est pas certainement le premier venu. Il a été un étalon. Il a eu la puissance et la fécondité. Du haut de la position que ses nombreux succès au Théâtre lui ont faite et que l'insolence particulière à ce temps, sans respect pour rien ni pour personne, n'a pu ruiner, il a dû naturellement penser qu'en donnant son approbation à la réforme introduite dans le Comité du Théâtre-Français, il jetait dans la balance, si elle oscillait encore, quelque chose comme l'épée de Brennus. Quoi! l'opinion? quoi! l'approbation de M. Alexandre Dumas?? Peste! Tous les imbéciles prennent la queue. Malheureusement, l'épée de Brennus n'a été qu'un sabre de bois.

Les articles de M. Dumas sont aussi superficiels que la mesure même qu'on a prise et qu'ils ne consacreront pas... Ils sont écrits, il est vrai (bonne raison pour avoir du succès!), comme tout ce qu'écrit M. Dumas, avec cette limpidité de ruisselet qui tient au peu de profondeur de l'eau, et sur le ruisselet, l'amusant conteur a glissé quelques anecdotes, comme un enfant qui mettrait sur un bassin des bateaux de papier. Mais voyez comme cette tête *à bamboula* est faite! Ce sont précisément ces anecdotes, qui auraient dû faire conclure M. Dumas comme il n'a pas conclu, et même contrairement à ce qu'il a conclu... Ces anecdotes démontrent, d'une manière absolue et piquante, l'inanité radicale des comédiens en matière de discernement et de résolution dramatiques. Et c'est pourtant l'opinion *motivée* de ces comédiens qui paraît à M. Dumas la dernière, mais la très suffisante ressource de l'Art du Théâtre, sur le point de sombrer sous la bêtise des Directions et des Comités! Oui! lui, M. Dumas, qui doit savoir le fort et le faible de ces questions de Comités ; lui qui nous raconte des choses si vraies et si gaies sur l'incapacité, par exemple, des omédiennes, qui ne songent qu'à leurs jupes pendant les lectures qu'on leur fait, ou qui font des cocottes, comme Mlle Rachel (Mlle Rachel!!!), ou qui, comme Mlle Dupont (une excellente actrice pourtant), ne savent pas l'orthographe et repoussent les *Vêpres siciliennes,* parce que *l'ouvrage,* disait-elle, *était mal écrite;* lui, M. Dumas, qui doit savoir qu'au Théâtre, intellectuellement, il n'y a pas de sexe, et que le comédien et la comédienne c'est absolument la même chose en vanité frivole et en sottise, et qui, en preuve de cela, s'il fallait une preuve, nous dit *avoir vu,* aux lectures, le comédien qui, dans son rôle, était tué au quatrième acte, filer pendant le cinquième et revenir quand il fallait voter ; c'est, enfin, lui, le même Dumas, lequel a vu et raconté tout cela, qui s'épanouit et se démène de joie et proclame Rome sauvée parce que ces comédiens, dont il vient de parler en de si jolis termes, vont être désormais les juges suprêmes des œuvres dramatiques de l'avenir, avec *jugement motivé!*

Car voilà toute l'invention, voilà toute la magnifique découverte, de messieurs les grands réformateurs du Décret de Moscou, cette petite monnaie de Napoléon! Exiger des comédiens *qu'on souffre* pour juges, leur opinion par écrit (est-ce avec l'orthographe de Mlle Dupont?...), et introduire deux jeunes pensionnaires dans le Comité, par la raison, dit M. Dumas, que la jeunesse non encore arrivée est l'ennemie née (délicieux sentiment!) de la vieillesse qui a conquis une position, voilà quel a été le suprême du bien pour les réformateurs du Décret, et ce qui est aussi l'idéal réalisé pour M. Alexandre Dumas. On cherche autre chose encore dans la décision des réformateurs. Il n'y a rien. C'est aussi simple que cela, et l'on se dit: en voilà, des cerveaux! Il est vrai que M. Alexandre Dumas, qui vient de parler sur les jeunes gens comme Machiavel, ajoute, avec l'optimisme de Leibnitz, — d'un Leibnitz lâché, bonhomme et même *bonne fille* : « Je me fie à la virginité et à la fraîcheur des sensations de ces jeunes gens. »

Plus jeune homme qu'eux, plus frais et plus vierge que ces jeunes gens eux-mêmes, pour avoir écrit cela à son âge, M. Alexandre Dumas!

II

Vous riez ?... Et vous avez raison, car c'est comique, quand on est en dehors de l'Art dramatique. Mais si vous aviez du génie plein la tête et des œuvres finies, jetées dans un moule plus vaste et plus profond que le moule de Scribe, qui est la chimère du siècle, le moule obligé, ou la forme pleutre du pleutre Ponsard, vous ne ririez pas! vous trouveriez qu'il n'y a pas là de quoi rire! Je connais, pour ma part, un noble et puissant esprit, un opprimé, une victime spirituelle de l'imbécillité des Comités et des Directeurs de Théâtre (et je le nommerais si je n'avais pas l'air de lui faire une réclame, c'est-à-dire ce qu'il méprise le plus!), et il m'écrivait, quand il a su la décision qui satisfait l'optimiste M. Dumas : « On vient
« donc d'accoucher d'un empirement du despo-
« tisme de la serinette sur le musicien, des flûtistes
« sur le compositeur! Les comédiens signeront
« leur opinion ! Mais, au gré du parterre qui les
« tourne, et de l'auteur qui les siffle, se mouve-
« ront-ils d'autre sorte que l'aile du moulin, enflés
« et soufflés du coup de vent qui, éternellement,

« se meut hors d'eux-mêmes, et dont ils ne sont
« jamais que la girouette?... Les comédiens signe-
« ront! Mais, dans cette vie de leur Art où il ne
« vivent jamais de leur propre vie et de leur pen-
« sée, boiteux du cerveau, paralytiques de l'im-
« pulsion intime, à toujours déchus (ce n'est pas
« leur faute!) de ce qui distingue l'homme du
« cheval : l'initiative; — momies frêles et méca-
« niques à tel point que les plus impotents d'in-
« tellect et de judiciaire sont, nombre de fois,
« ceux-là chez lesquels le kaléidoscope du singe
« se débobine avec le plus de nerf et de magni-
« ficence, — la poupée savante, je le veux bien!
« mais, après tout, rien que la poupée, voilà de
« quels vaillants et de quels meneurs la littéra-
« ture française doit encore subir le joug! Voilà
« de quels cavaliers hongrés les chevaux de race,
« les étalons, les purs sang doivent encore subir
« les étrivières! »

Quelle fière révolution, en effet, qu'une telle trouvaille! Dans un aréopage des six plus anciens Sociétaires, seront adjoints, parmi les pensionnaires, les deux plus jeunes conscrits, les deux plus blanc-becs dramatiques, et ces deux contre six tiendront les six en échec! Et encore, je me trompe! il faut rectifier tous ces chiffres. Il faut mettre deux contre huit; car la voix du Directeur compte double. Et que ce soit Gilles ou Jacquot, avec les vieux de sa troupe, le Directeur emboîte le pas et devient le maître de la décision. Il est vrai qu'à défaut de la poigne qu'il leur faudrait, à ces jeunes gens, pour résister, M. Dumas leur suppose une virginité. Il transforme les Éliacins du Comité en vierges toutes-puissantes, en Clorindes ou en Jeannes d'Arc de l'Art dramatique. Mais, virginité d'impression et sexe intellectuel à part, que pourront, en fin de compte, ces deux infortunés sous-diacres, contre les six chanoines escortés de leur suisse, qui, avec sa lance, pèse double au lutrin?...

Franchement, il suffit tout simplement d'exposer, pour la ruiner, cette réforme impertinente. Avec elle, en quoi sommes-nous sortis de l'ancienne ornière, qui devient une fondrière tous les jours?... Certes! personne plus que moi n'a d'admiration pour le talent du comédien, — et ceux qui me lisent au *Nain jaune* savent si je l'ai mis souvent au-dessus de l'auteur même, quand il ajoute par son jeu, comme il peut y ajouter, au génie du rôle qu'il exprime; — mais je lui dénie formellement la faculté de juger une œuvre dramatique en dehors de son répertoire coutumier. Intelligence femelle, qui ne reçoit de lumière que du monde extérieur et qui ne résonne qu'au diapason des masses environnantes, le comédien est radicalement incapable de se mouvoir de l'épaisseur d'un cheveu hors du cercle où le public l'enferme, et le bulletin qu'on lui impose maintenant prouvera, du reste, ce que je dis. C'est que, pour raisonner en matière d'Art, il faut une hauteur de pensée, une envergure de coup d'œil, une conception de l'absolu qui n'est pas plus le propre de six comédiens que... de six marchandes de modes !

Et ils le savent bien, allez ! Ils se sont — raconte M. Alexandre Dumas — assez cabrés devant la terrible obligation de ce bulletin, dans lequel ils pourront donner la mesure de la longueur de leurs oreilles. Ç'a été, à ce qu'il paraît, un rude travail que de leur faire accepter la chose ! En cela, plus spirituels de ne pas vouloir du bulletin, que M. Dumas de l'accepter. Leur instinct les avertissait.

III

Et il était certainement plus juste et meilleur conseiller que l'esprit de ceux qui ont fait, sous prétexte de réforme, — un mot et une chose imposants, — un si misérable rapetassage au célèbre Décret de Moscou. On s'attendait à mieux. Nous, tout le premier. Nous pensions que, pour retoucher à une législation que le génie organisateur de Napoléon Ier n'avait pas eu le temps de mûrir dans la préoccupation d'une des plus terribles de ses guerres, on choisirait des hommes dignes de la difficulté proposée et qui sauraient faire autre chose que de saveter un vieux Décret hors de service. Les uns étaient des hommes de théâtre, les autres des gens de lettres; tous, par conséquent, devaient connaître, par observation ou par expérience, la nature humaine et la nature très particulière du comédien; tous savaient le mal, et tous devaient aller courageusement à fond pour l'extirper. Eh bien, c'était là une erreur et une illusion !

Je ne nommerai personne de ces hommes dont la résolution est collective, mais je n'hésite nullement à écrire que cette décision collective est tout à la fois ridicule et dérisoire; car boules ou bulletins motivés sous la main des comédiens, c'est identiquement la même chose. C'est toujours la même odieuse boutique qui va continuer d'aller son train, la même barre de préjugés et de vulgarités contre laquelle tous les inventeurs, tous les penseurs, tous les poètes dramatiques de l'avenir vont déferler et se briser! Le Théâtre est perdu si on n'invente, — si on ne sort pas de l'étriqué des vieilles conventions, classiques ou romantiques, toutes étant, à l'heure qu'il est, aussi vieilles, aussi usées les unes que les autres... Et cependant nous ne pensons pas qu'il soit nécessaire d'ouvrir avec du canon les portes du Théâtre au génie; nous ne croyons nullement que la question de cette réforme, qu'on vient d'étrangler dans la plus maigre et la plus impuissante des combinaisons, soit une question insoluble. Et comme dans une question qu'on discute toute Critique doit avoir sa solution prête, nous donnerons la nôtre au premier jour où, par défaut de premières représentations, notre feuilleton dramatique fera *relâche*, comme aujourd'hui.

FRÉDÉRICK LEMAITRE
DANS
CÉSAR DE BAZAN

LE COURRIER DE LYON — QUESTION DU COMITÉ
DU THÉATRE-FRANÇAIS :
DÉCRET DE MOSCOU RETOUCHÉ

———

Dimanche, 7 février 1869.

I

Tous les événements dramatiques de la semaine ont été la rentrée, triomphante toujours, de ce grand triomphateur accoutumé à la pourpre, Frédérick Lemaître, dans *César de Bazan*, à l'Ambigu-Comique, et la reprise, à la Gaîté, du *Courrier de Lyon*, avec Dumaine. Météore dramatique au Théâtre, Frédérick y apparaît et en disparaît à de certains intervalles. Comète et coquette à la fois ! qui sait bien qu'il ne faut pas se montrer à ses amoureux tous les jours. Je n'ai pas vu, ou plutôt *revu* Frédérick dans *César de Bazan;* car j'irai l'y revoir. Cet homme est toujours curieux à étudier. Saint Augustin disait que l'homme montait vers Dieu à mesure que le temps faisait crouler sa prison d'argile. Il en est de même de Frédérick. Il monte vers l'Art, qui est son Dieu, à mesure que le temps s'appesantit sur l'homme. L'Art resplendit mieux et transfigure tout, dans l'homme diminué. Je ne sais rien de plus beau que cela. Frédérick, ce génie du geste, serait magnifique encore à l'état d'Ombre... car les Ombres peuvent gesticuler. On disait qu'il jouerait un de ces jours le *Centenaire*. Il le jouera comme il joue tout ! Mais je l'aimerais mieux dans le rôle de Roméo ou d'Edgar de Ravenswood, un des plus splendides de sa jeunesse. Il ne s'agit pas d'illusion ici ; les illusions sont pour les imbéciles. Il s'agit d'Art. Ce tour de force, j'aimerais à en savoir gré à sa force. J'ai vu jouer *Mademoiselle de Belle-Isle* à Mlle Mars, qui avait passé la soixantaine. Les bourgeoises seules comptaient ses rides et les actrices, qu'elle faisait crever de jalousie. Baron, dit l'histoire, jouait (aussi) divinement le *Cid* à plus de quatre-vingts ans, et de manière à écraser tous ces jeunes gens qui se croient quelque chose, et Frédérick est bien mieux que Baron!

C'est le Michel-Ange de l'Art dramatique, qui est aussi une Statuaire...

Quant à la reprise du *Courrier de Lyon,* que vous dire de cette pièce, momifiée dans la tête du titi et dont il ne s'émeut plus, tant il est lui-même momifié par la blague, cette syphilis morale du temps? Le *Courrier de Lyon* est une de ces légendes qu'on ne raconte plus. Paulin Ménier (encore une légende!) y a repris son rôle de Chopart, sa création, qu'on ne lui volera point. Quand le linge est ainsi marqué, on ne le démarque pas : on emporterait le morceau. Ménier a *osé* Chopart, comme Frédérick avait *osé* Macaire. Frédérick a des façons, dans Robert-Macaire, de rendre l'abjection grandiose, mais Ménier a dans Chopart des façons de la rendre animale, bestiale, plus abjecte que l'abjection. Il a des mouvements de bête fauve, mêlés à des hoquets d'ivrogne. C'est le chimpanzé de l'assassinat. On ne peut pas vraiment descendre plus bas dans les latrines de l'abjection. Seulement, en Art, toutes les profondeurs sont belles comme toutes les élévations, et qui touche aux unes comme aux autres a sa minute de génie...

Toute la nouveauté du spectacle de ce soir était Dumaine, dans le double rôle de Lechêne, le vertueux, et de Dubosc, le mauvais sujet. Dumaine travaille ses rôles — je le vois bien! — à mériter d'en maigrir. C'est un artiste consciencieux. Dumaine, dont l'excellente et belle figure est l'expression de la bonté aimable et sereine, est parfaitement ce qu'il doit être dans Lechêne; mais dans Dubosc, le jeu de l'acteur ne sait pas assez dépraver sa beauté, qui vous attire de sympathie dès qu'il entre en scène et vous tire le cœur hors de la poitrine. Dumaine, malgré cet embonpoint qui empâta le régent d'Angleterre (George IV), un homme aussi beau, mais bien moins sympathique que lui, a trouvé le moyen d'avoir de la noblesse deux à trois fois, ce soir. Mlle Duguerret, que la préoccupation publique nommait à côté de Dumaine et qui faisait le rôle de Jeanne, — la maîtresse abandonnée de Dubosc, — Mlle Duguerret, cette statue bysantine, que je ne n'ai pas oubliée, de la *Madone des Roses,* cette créature si italienne, d'un maigre et d'un émacié qui la font ressembler à une figure cuite et recuite dans le feu de l'enfer de quelque passion inguérissable, était presque jolie ce soir, tant elle était expressive! sous la coiffe tombante de Charlotte Corday. Mais le rôle n'était pas assez accentué pour elle, et il faut bien qu'elle le sache, l'accent qu'il n'avait pas, elle ne le lui a pas donné... Cela dit, notre feuilleton est fait; car il aura paru demain soir, quand on jouera à l'Odéon *Mademoiselle la Marquise.* Il nous reste donc un espace suffisant pour continuer de parler de cette réforme du Décret de Moscou, dont nous avons dit les premiers mots l'autre jour.

Comme le *gendre de Caton*, le rapport de la Commission *tarde bien à paraître !* Mais si vous croyez que les Commissions vont se gêner, vous êtes plus naïf, plus jeune et plus vierge que M. Alexandre Dumas ! Connu seulement par les indiscrétions de ce grand et indulgent approbateur, ce bon prince de M. Dumas, le croyant aux virginités cabotines, nous ne l'avons discuté que sur cette mesure, mais nous le discuterons dans son intégralité et dans toute sa longueur, une fois qu'il sera publié. Seulement, puisque nous avons aujourd'hui une place suffisante pour mettre sous les yeux de nos lecteurs la solution qui nous est propre, nous allons la leur proposer.

II

Nous avons — on le sait! — sur raisons déclinées, repoussé péremptoirement les comédiens; avec bulletins ou boules, ce nous est tout un! Les comédiens ne sont pas ineptes, mais ils sont inaptes... Ils ont certainement leur genre de génie fascinateur, mais ils sont inaptes à la besogne que l'on attend d'eux. Ils sont dans le monde pour réverbérer, pour sentir, pour multiplier l'impression comme des espèces de miroirs concaves. Ils ne sont pas dans le monde pour juger. Et je vais dire une chose qui va vous surprendre : les hommes de lettres non plus! Encore moins peut-être ; car c'est nature qui tient le comédien empêché de juger, et les hommes de lettres, c'est passion mauvaise, c'est l'envie, l'envie profonde, dont, à très peu d'exceptions près, les malheureux sont dévorés. Les comédiennes, dont M. Dumas nous a fait l'histoire, les comédiennes, qui s'appellent vieilles entre elles pour la misère de quelques années de plus les unes que les autres, sont moins bassement et moins crapuleusement jalouses que les hommes de lettres ne le sont entre eux. Vieilles! c'est une injure de femme à femme, une injure de l'ordre de toutes... Mais quand les hommes de lettres, rongés par cette maladie pédiculaire de l'envie, ne pouvant rien contre le génie qu'ils ne sont pas de force à toucher, ne trouvent rien de pis pour s'en venger que d'appeler vieux des hommes qui ont la jeunesse éternelle de la passion et de la grâce, et peut-être, malgré leur âge, des organes plus qu'eux, ils sont bien au-dessous des comédiennes en bêtise et en vileté! Or, cela se voit tous les jours. Pour n'en citer qu'un seul illustre exemple, quand ce divin poète immortel, Lamartine, commença de vieillir, que n'avons-nous pas entendu dire de sa vieillesse à de petits polissons qui n'ont sur lui que l'avantage d'être de jeunes imbéciles? Il faut donc écarter systématiquement les hommes de lettres de tout jugement à porter sur les œuvres de gens comme eux, et qui peuvent être plus forts qu'eux.

Je ne crois pas à leur justice... On les écartera comme les comédiens et on ne les mêlera pas aux comédiens, parce qu'un tel *ambigu*, un tel mélange, serait peut-être une combinaison plus mauvaise que s'il n'y avait pas de combinaison!

Seulement, doit-on les écarter absolument et pour jamais comme les comédiens, eux qui sont du bâtiment pourtant, eux qui s'y connaissent ou qui du moins peuvent s'y connaître, sans qu'il y ait vraiment un seul moyen possible de neutraliser la lâche envie qui leur mange le cœur et l'esprit, et d'utiliser leur faculté de juge quand il s'agit de l'admission d'une œuvre au Théâtre?... La question étant celle-ci: Voici une pièce d'invention qui renverse tout, d'originalité déconcertante, de beauté haïssable et impopulaire, et qui, malgré cela et même à cause de cela, est un chef-d'œuvre. Y a-t-il un moyen d'arranger les choses de manière à ce que cette pièce arrive droit au public, et pour que Shakespeare et Molière, qui jouaient leurs propres pièces, heureusement pour eux! s'ils revenaient au monde sans être Directeurs de spectacles, ne vinssent pas, à tout coup, éventrer leur génie ou leurs œuvres sur les écueils en permanence de la bêtise ou de la jalousie d'un Comité?

Eh bien, oui! il y en a un. Il y a un moyen, et même très simple, échappant à l'attention par sa simplicité même, de redresser moralement l'homme de lettres et de se servir utilement de sa compétence, quand il en a une. Je ne crois pas à sa justice, mais je crois à sa vanité. Il s'agit de lui donner, quand il fonctionnera comme juge, un témoin; il s'agit de le mettre, cet homme de galerie, en face d'une galerie qui le juge à son tour, — qui l'applaudit ou qui le siffle, si lui-même applaudit à bon droit ou siffle de travers! En deux mots, il faut dresser un Comité de juges qui lise la pièce dans un vrai meeting littéraire, — littéraire en ce sens que le public qui viendra là sans y être officiellement appelé sera certainement toujours un public de loisir cultivé, qui se passionne encore un peu pour les choses de Théâtre et à qui elles importent assez pour les surveiller!

III

Et, cependant, notez bien ceci! je ne suis point partisan des masses, ni même des groupes, ni de toute espèce de réunion, quelle qu'elle soit, où les esprits se rapetissent comme les plus grands diables dans le Pandémonium de Milton. Selon moi, la politique la meilleure est celle qui ne prend conseil de personne, qui habite le bonnet fourré de Louis XI, ou les deux pouces, d'une

temps à l'autre, du front carré de Catherine II.
Selon moi, l'Art le plus grand et le plus beau
est une inspiration solitaire, qui cherche ou
attend son juge solitaire, dans la foule, errant au
hasard. L'unité humaine seule est toute-puissante. La vérité, en tout, est monogame, et quand
elle descend pour la première fois du ciel, ne se
donne jamais qu'à un seul ! Je suis comme le
vieux Bentham, cet homme de pratique infinie,
qui ne voulait jamais qu'un juge. Un seul juge,
comme un seul législateur. Mais en Art dramatique, dans cet art inférieur, après tout, quand on
le compare aux autres arts littéraires; en Art dramatique, dont je connais très bien la place dans la
hiérarchie de la pensée et qui s'adresse directement à la foule, — qui n'existerait pas sans la
foule ! — l'unité, c'est précisément la foule elle-même, la foule au cœur complexe, fait avec des
milliers de cœurs. Partout ailleurs, je repousserais le meeting; ici, je l'admets, non pas qu'il
ne soit toujours un meeting, c'est-à-dire un public avec ses instincts souvent bas, ses ignorances,
ses préjugés, mais aussi avec sa sensibilité
moyennement humaine, qui fait commotion et
contre-coup au poète et dégage l'électricité ! Et
je l'admets encore par cette raison souveraine,
qu'en matière de drame, étant impossible de se
passer de public et de répercussion instantanée,

il est, comme le doigt à mettre sur le clavier qui vous atteste la musique, impossible, radicalement impossible de s'en passer!

Ainsi, un meeting portes ouvertes, au lieu d'une coterie portes fermées, — un meeting présidé par une commission de spécialités et de notoriétés littéraires et dramatiques; des pièces lues publiquement, critiquées, applaudies ou repoussées sous les regards lumineux de la publicité, voilà notre idée... Un jour, il y a peu de temps, un journal qui s'est éteint, mais qui pourrait bien se rallumer, la *Veilleuse*, essaya de donner une organisation de cette idée. Mais puisque la réforme du Décret de Moscou, qui ne réformera rien, a investi l'attention publique de l'examen d'une question qui brûle depuis longtemps, mais que l'amour-propre de deux auteurs vexés a tout dernièrement fait flamber, nous aimons mieux livrer le bloc de notre idée à ceux qui voudront le tailler.

De quelque façon qu'ils s'y prennent, je ne sache toujours que la publicité, le torrent de lumière de la publicité, qui puisse empêcher ces assassinats de la pensée à huis clos et dans lesquels on se met à sept ou huit, comme pour tuer Fualdès... Quant aux objections qu'on peut faire sur tout, et en attendant qu'on les fasse et qu'on y réponde, il resterait acquis au débat qu'en vertu du système que nous exposons aujourd'hui le verdict prononcé par un meeting constitué en assises régulières ressortirait de l'opinion d'une masse, et qu'en cette hypothèse, ce que l'auteur aurait combiné pour agir sur tout le monde ne serait plus nié, déprécié, dénaturé par l'interprétation toute personnelle de quelques-uns... et ceci est décisif dans la question! Dira-t-on, — la seule objection que j'aie, pour mon compte, pressentie: — Et la sanction? l'efficacité de la sanction? Le meeting vote, et puis après?... Et cinquante ans plus tôt, il n'y aurait peut-être pas eu de réponse, mais, depuis cinquante ans, nous avons une Sibylle devant laquelle tout cède et finit par se prosterner, et cette Sibylle, cette Dominatrice, c'est l'opinion publique éclairée, — que, même sans l'être, Pascal appelait déjà de son temps la *Reine du monde*, — l'opinion que voilà conviée à cette fête d'une justice à faire!

Certes! dans un temps de suffrage universel, de ce suffrage universel qui emporte le monde et l'enlève comme la nappe d'eau mugissante emporte la roue de moulin qu'elle fait tourner, du moins, on ne pourra pas dire que notre système n'est pas dans le courant du siècle et dans la logique de ses institutions .. Nous ne l'offrons, d'ailleurs, que comme un essai à faire, une pierre d'attente à placer, qu'on ferait, plus tard, plus solide et plus angulaire. Mais toujours est-il que le système que nous proposons aujourd'hui serait un commencement d'effort vigoureux pour sortir d'un état de choses dont il faut sortir à toute force, d'une position dégradante pour toute une littérature de gens d'esprit : — l'insolente féodalité de quelques sots !

UNE VENDETTA PARISIENNE

LE SACRIFICE — UNE NUIT AU CHAMPAGNE

MADEMOISELLE LA MARQUISE

———

Dimanche, 14 février 1869.

I

Rien depuis huit jours; puis, tout à coup, un patatras! Hier, trois premières représentations au Vaudeville, et ce soir, la première, à l'Odéon, de *Mademoiselle la Marquise*, retardée, les uns disent par une extinction de voix, les autres par une robe de Mlle Périga qui n'allait pas (la robe) et qu'il a fallu faire recommencer à la couturière, cette déesse! Ils ont tout à l'heure à Montauban des *faiseuses d'anges*. Les couturières sont des faiseuses, non pas d'anges certainement, mais

d'actrices! J'avoue que je crois plus à la robe de
Mlle Périga qu'à son rhume. Outre qu'il ne faut
pas un talent énorme d'actrice pour jouer une
extinction de voix, une robe qui ne va pas est une
raison bien plus *comédienne* de ne pas jouer et
d'envoyer promener le public! Peste! la robe
d'une première représentation, quoi de plus important que cela ? Évidemment, il n'y a point de
chef-d'œuvre de l'esprit humain (je ne dis pas
ceci pour *Mademoiselle la Marquise*) qui ne dépende, au Théâtre, du chiffon dans lequel une actrice a la prétention de se croire mieux et de se
montrer.

II

Des trois premières représentations données
hier soir au Théâtre du Vaudeville, des trois
pièces *mises en sable*, comme on disait autrefois
des verres de vin entonnés coup sur coup, celle-là qui se distingue le plus des deux autres, et par
l'étendue et par les détails, c'est la pièce de
M. Alphonse Daudet intitulée *le Sacrifice.* J'ai
eu occasion de parler déjà de M. Daudet, il y a
quelque temps, à cette place. Ce fut à propos
d'une pièce de lui jouée aussi au Vaudeville, et

qu'il a faite de moitié avec un frère Siamois (M. Lépine) dont il s'est fait opérer pour rester, à ses risques et périls, une personnalité à lui tout seul... Je souhaite aux deux autres frères Siamois, qui en ont assez de leur intimité et qui veulent, dit-on, faire couper leur membrane, d'être aussi heureux dans leur opération que M. Daudet l'a été dans la sienne. Bien loin d'en être mort, il en est plus vivant! Depuis sa pièce du Vaudeville, on dirait que le talent qu'il avait, et qui n'a pas changé de nature, a pris de l'accroissement et de la sève. L'arbre s'est gonflé dans l'arbrisseau. Ce n'est pas du tout, il est vrai, un talent dramatique que M. Daudet. La pièce que nous venons de voir n'est pas chevillée comme on cheville les choses au Théâtre. Ce n'est guère que trois simples tableaux, en trois actes. Que dis-je? M. Alphonse Daudet est même le contraire d'un talent dramatique, s'acharnant cependant de toute sa faiblesse à faire de l'art dramatique. Mais c'est ici le phénomène! un homme et un talent dramatiques n'éveilleraient pas plus les sympathies d'une salle qu'il n'a éveillé celles de *toute* la salle de ce soir, seulement avec deux ou trois touches exquises dans la peinture des sentiments les plus familiers et les plus naturels.

Ma foi! oui, c'est un phénomène, et même presque une magie! M. Alphonse, Daudet est, avant tout et après tout, un poète, et qu'est-ce qu'il y a de plus impopulaire qu'un poète au Théâtre, — au Théâtre de ce temps-ci, — à la minute présente de ce temps-ci ?... Qu'y a-t-il de plus antipathique au public de nos mœurs modernes qu'un poète, — cette aristocratie, cette distinction, cette idéalité, cette insouciance ou ce mépris des honteuses ficelles dans lesquelles meurt l'âme du Théâtre, misérablement étranglé? Eh bien, malgré cette affreuse et dangereuse qualité de poète, M. Alphonse Daudet réussit au Théâtre absolument comme s'il n'en était pas un! Et tous ces Prudhommes et tous ces Crevés qui sont maintenant les publics, et qui discuteraient peut-être, ou bafoueraient, une plus grande et plus robuste poésie, prennent la sienne et oublient les nécessités de l'*action* scénique, en l'écoutant.

Car M. Alphonse Daudet n'a pas même l'air de se douter de ces nécessités terribles. Quand j'ai dit qu'il s'était accru depuis sa dernière poésie, il faut l'entendre dans ses heureuses qualités poétiques et touchantes, non dans la manière d'attaquer la difficulté dramatique. Il ne l'attaque jamais, et sa pièce actuelle du *Sacrifice*, que je ne vous raconterai pas, mais qu'il faut aller voir et entendre, a passé à côté, — une fois de plus. On dirait que le poète qui a modelé cette chose nuancée et pénétrante échappe, à force de délicatesse, à la préhension de cette forte et large main du Drame, et qu'il se coule à travers les doigts du géant comme ferait un nain enchanté! Il faut bien le dire, le talent de M. Daudet lui ressemble. Il est ténu, fin, mais charmant, et toute sa personne est une harmonie avec ce talent qui n'a guère qu'une note, mais délicieusement personnelle. De taille d'Ariel, de visage du Giotto, mais en miniature, c'est aussi une miniature de poète, une espèce de colibri poétique de la plus rare espèce... Il le sait bien, du reste, lui qui a fait le *Petit Chose,* lui qui a serti ces tout petits bijoux — *les Amoureuses* — où je trouve un vers qui le peint d'un trait, lui et sa manière :

Et de l'amour, je fais une amourette!

Il sait bien que s'il n'a pas une très longue haleine, elle est embaumée, et que l'âme n'a pas besoin de si grands souffles! Les sentiments, qu'on retrouve toujours dans M. Daudet, quoi qu'il fasse, sont moins intenses qu'ils ne sont suaves, et leur suavité est peut-être la seule raison à donner des succès de Théâtre (seront-ils durables ou éphémères?) de ce poète antithéâtral. Plus intenses et plus mâles, ils blesseraient peut-être les troupeaux de bœufs des publics, qui se révoltent contre l'écarlate, mais qui aiment la douceur du rose.

La pièce de M. Alphonse Daudet a été exprimée dans l'inspiration qu'il a su faire partager à ses acteurs. Mélancolique et attendrissante par le fond, cette pièce du *Sacrifice*, dans laquelle un artiste renonce à son art pour nourrir une famille tombée dans la misère, est *rosée*, par place, d'une gaieté douce. Félix, qui fait une espèce de boucanier généreux et *bon garçon*, très bien grimé, tanné et costumé, avec ses *roues de carrosse* aux oreilles, a eu de la verve, mais moins que Delannoy, excellent de vérité dans le rôle d'un vieux rapin qui se croit du génie. M™ Alexis joue une mère avec un naturel qu'on ne connaît plus dans les rôles de mère. C'est la *charge* du cœur. Mais le rayon le plus rose de gaieté, c'est Mlle Grivot, qui l'a fait passer sur toutes ces larmes dans le rôle d'un gamin d'Arabe, recueilli par le fils du vieux rapin; et elle y a montré la nonchalance et la pétulance de ces lazzaroni du désert. Quand, indolent enfant, elle est là, couchée dans ses couvertures, elle a tout ensemble, avec ses souplesses un peu minces, l'air d'une gazelle et d'un jaguar. Combinaison piquante! En somme, jouée intelligemment, la pièce va bien jusqu'à la fin... Seulement, une observation que M. Daudet me permettra de lui faire : ce que le talent très surveillé de Delannoy n'a pu me voiler, c'est l'inconvenance, pour moi *absolument* choquante, d'un père qui se jette à genoux devant son fils. Comme, à cette mâle heure, les esprits sont en pleine anarchie et le sentiment moral s'en va en quatre morceaux, la salle tout entière a battu des mains à cette humiliation de la paternité abaissée. Il faut que MM. Daudet et Delannoy effacent radicalement ce détail. La fierté des fils, c'est la dignité de leurs pères! Et les pères, coupables même, voudraient se mettre à genoux devant leurs fils, que les fils doivent les empêcher d'y tomber!

Quant aux deux pièces entre lesquelles on a placé les trois actes de M. Daudet, l'une, la *Vendetta d'une Parisienne*, est beaucoup trop parisienne pour mériter ce beau nom corse, et la *Nuit au champagne*, qui n'en fait pas boire intellectuellement au spectateur, après avoir commencé en pochade amusante, a raté et s'est escarbouillée en une bêtise plate. Il vaut mieux ne pas en parler..

III

Et d'autant qu'il ne nous reste guère que la place d'un post-scriptum pour vous apprendre ce qui s'est passé ce soir à l'Odéon... C'était bien la peine de nous faire attendre ! On y a donné *Mademoiselle la Marquise.* Si les auteurs de ce déplorable feuilleton à la Ponson du Terrail, mais dialogué en langue de coiffeur parlée par des princes, avaient eu le moindrement conscience de leur œuvre, ils auraient demandé à Dieu ou à la couturière que les robes et les rhumes de Mlle Périga fussent éternels ! On n'a pas d'idée de ces cinq actes de *Mademoiselle la Marquise,* — avec prologue, ce qui fait six, — et de l'ennui, du vaste ennui qu'ils ont épandu dans la salle. Ç'a été affreux ! On a gardé longtemps une bonne contenance sous cette nappe d'ennui, mais au troisième acte, on a commencé de tousser. La pièce vous prenait à la gorge. Et au quatrième, les sifflets ont dégagé les gorges !... et on a sifflé à couper les mains à la claque.

Mademoiselle la Marquise est cependant l'œuvre de deux antiques routiers dramatiques, MM. de Saint-Georges et Lockroy, et voilà donc par quoi ils finissent, grand Dieu ! si même ils finissent. Hélas ! tout ce qu'on peut mettre de rouleaux de ficelles dans une pièce, ils l'y ont mis, ces vieux et honnêtes *ficeliers.* Mais qu'un peu de vie, qu'un peu de larmes et de couleur rose détrempée avec le bout du doigt et comme nous en avons vu à M. Daudet, ce jeune inexpérimenté, qui n'a jamais eu, lui, pour deux sous de bouts de ficelle dans sa poche, — de quoi faire ronfler une toupie; — qu'un peu de poésie et de jeunesse vaudrait plus que cette *ficelerie!* Les acteurs eux-mêmes, qui avaient commencé par faire de leur mieux, bien habillés, bien attifés, bien corrects, mais sans un pauvre mot qui eût le plus petit relief, ont été dépravés par l'ennui de leur rôle, qu'ils communiquaient à la salle et qui leur revenait, et définitivement matagrabolisés. Lafond a pleurniché, pleurniché, pleurniché. C'était une gouttière. Mlle Périga s'est figée... Lacressonnière, le retors, l'oblique Lacressonnière, qui semble toujours porter sur son cou une malle au chemin de fer, formait un contraste avec Mlle Périga, longue de cou comme une cigogne blanche, et raide comme la même cigogne perchée sur la cheminée d'un toit. Voilà dans quel état MM. de Saint-Georges et Lockroy les avaient mis tous. Certes! si on sifflait dru dans la salle, je demande ce qu'ils ont fait, eux, pour leur propre compte, dans la coulisse?

Telle la soirée. Jugez de la pièce par cette réverbération! Je ne connais pas M. Lockroy, mais M. de Saint-Georges est un galant homme, et je ne veux point la mort du pécheur. Seulement, je l'en supplie! s'il lui faut absolument du théâtre, qu'il retrouve un musicien quelconque et qu'il retourne à ses flons-flons.

P. S. — Ah! un incident. Un monsieur de l'Orchestre est tombé sans connaissance au deuxième acte, et on l'a emporté. Comme cela, il n'aura pas vu la pièce. C'est, ma foi! le plus spirituel d'entre nous.

LES RIENS DE LA SEMAINE :

UNE FAUSSE JOIE
L'ASTRONOME DU PONT-NEUF

———

Dimanche, 21 février 1869.

I

Ce n'est pas une pièce. C'en est deux.

Et ce n'est pas leur titre non plus.

L'une s'appelle: *Une fausse joie*, par MM. Raimbaud et Raymond Deslandes, et cette *fausse joie* serait une fausse gaieté, sans les acteurs Hittemans et Baron qui sont les vrais auteurs de ce vaudeville, dont on peut dire qu'il n'y a pas de quoi se vanter, les infuseurs d'une goutte de vie dans ce misérable fœtus! L'autre s'appelle *l'Astronome du Pont-Neuf*, par M. Jules Moinaux, l'auteur des *Deux Aveugles*, et qui en deviendra un troisième s'il se met comme ça longtemps le doigt dans l'œil avec de la musique par M. Durand — est-ce le glacier? — aussi froide que ses glaces, si c'est lui, et distinguée comme son nom!

Le comique ramassé de cette pochade, c'est cette loque qui traîne dans toutes les mémoires de polisson :

> As-tu vu la lune, mon gas!
> As-tu vu la lune?
> Si tu la vois, ne le dis pas!

Bon conseil! Au fait, il n'y avait pas, ce soir, de quoi se vanter. Que M. Moinaux rentre la sienne... dans son étui et disparaisse, et délivre ce pauvre Dupuis et ce pauvre Grenier, dignes par le talent d'autre chose, de l'odieux supplice de jouer et de chanter une bêtise gaie comme un ivrogne qui ne digère pas.

Il faut être la salle des *Variétés* pour rire de cela.

Et voilà! — Ces deux riens sont les seuls de la semaine, qui, à tous les Théâtres, a répété les mêmes carillons.

Et le feuilleton, sans gibier, rentre encore bredouille de cette fois.

II

Nous attendions pourtant cette semaine une autre pièce, depuis bien longtemps annoncée, c'est le rapport, le majestueux rapport de la fameuse Commission sur la réforme du Décret de Moscou. Nous aurions eu du temps et de l'espace pour nous en occuper. Est-ce que ce rapport aurait été publié dans les caves du Théâtre-Français? Y a-t-il des raisons pour n'en pas parler? On n'en parle plus. La grenaille du grand Napoléon ne va pas en besogne aussi vite que lui... Ces législateurs en gésine ont-ils un squirre dans le ventre au lieu d'un enfant? Quelle peine à mettre bas, bon Dieu! Faudra-t-il donc leur envoyer des sages-femmes pour les accoucher?...

Quand ce sera fait, comme je fêterai leurs relevailles! Je le leur promets.

LETTRE
A MONSIEUR J. CLARETIE
CRITIQUE DE THÉATRE
ET AUTEUR DE LA *Guerre des Gueux*
QU'ON JOUE CE SOIR.

Vendredi, 26 février 1869.

Monsieur,

Vous chercherez peut-être ici demain l'examen du drame que vous faites représenter aujourd'hui. Vous ne l'y trouverez point, et voici pourquoi :

L'Ambigu vient de refuser formellement et grossièrement au *Nain jaune* la place qui lui était due, pour la représentation de ce soir, comme à tous les autres journaux. Le *Nain jaune* a demandé à payer cette place refusée, et il lui a été répondu *qu'à aucun-prix* il n'y aurait de place pour lui, ce soir, à l'Ambigu.

Vous êtes, monsieur, un Critique de Théâtre, et

peut-être de tous les Critiques de Théâtre celui qui a le plus le sentiment élevé de sa fonction. Vous me l'avez prouvé une fois. Quand, l'an dernier, M. Montigny (du Gymnase) inaugura cette insolence de *refuser le service* de son Théâtre à un journal qui lui *rend le service* de sa publicité, vous fûtes le seul des vaillants hommes du Lundi qui prît fait et cause pour la dignité de toute la presse littéraire offensée, dans la personnalité d'un journal, par un Directeur de spectacle. Oui! monsieur, de cette phalange macédonienne de grands esprits et de fiers caractères qui font si héroïquement la Critique de la semaine, vous fûtes le seul qui osâtes conclure avec moi et comme moi contre l'impertinent procédé d'un Théâtre qui se venge comme il peut de ce qu'on n'a pas applaudi bassement *toutes* ses pièces!

Dans cette question, qui importait à tous et que je posai pour l'honneur de tous, je dis rondement qu'il fallait que tous les journaux s'entendissent pour rompre, d'un commun accord, ces relations très simples et très pures, à l'origine, des journaux et des Théâtres, puisque l'insupportable outrecuidance de ces derniers entendait les transformer en relations lâches et serviles. J'avançai que dans l'état présent des choses et avec les exigences et les susceptibilités de la plupart des Directeurs, Tuffières grotesques et Artabans ridicules, la Critique dramatique n'aurait toute sa dignité que quand elle payerait sa place au Théâtre et qu'elle signerait chacun de ses articles: « Monsieur six francs. » Les Macédoniens ne bougèrent pas. Toujours immobile, cette phalange, depuis Alexandre ! Mais vous, monsieur, vous acceptâtes mes conclusions. Seulement, quand vous les admettiez, vous doutiez-vous que l'insolence Montigny, signalée par moi au public, serait répétée, mot pour mot, par l'Ambigu-Comique (très comique, pour le coup!), et cela le jour même où vous (précisément vous!) y introduiriez votre première pièce de théâtre?

Certainement, non! vous ne vous en doutiez pas alors, — et vous ne vous en douteriez pas davantage demain, si je n'avais pas pensé, ce soir, à vous l'écrire. J'ai trouvé gai de vous informer de ce hasard étrange... mais, croyez-le pourtant! ma raison pour vous écrire n'a pas été uniquement la singularité de la chose. Non! j'ai eu une raison encore de plus de poids et de gravité. Voilà tout à l'heure plus de dix-huit mois que je fais la Critique dramatique au *Nain jaune*. Eh bien, si vous n'aviez pas vu un article de moi sur votre pièce, qu'auriez-vous pensé? Je n'ai pas voulu, monsieur, que vous, qui de Critique au Théâtre devenez aujourd'hui auteur de Théâtre, et qui, comme tous les auteurs de Théâtre, avez droit à l'examen de la Critique, vous pussiez imputer à quelque sentiment indigne de moi le silence que j'eusse gardé sur votre drame, et pour votre peine d'avoir été un jour, vous! sur une question que je crois toujours excessivement importante, très sympathiquement et très noblement de la même opinion que moi!!

D'ailleurs, monsieur, en vous écrivant, je n'écris pas à vous seul. J'écris à tous ceux qui se préoccupent de Théâtre, d'indépendance et de fierté dans le métier qu'ils font, — littéraire ou non. Le journal, c'est une lettre à tout le monde, qui a le droit maintenant et le besoin d'être informé. Ce n'est pas moi qui ai créé la liberté de la presse; je ne l'ai jamais beaucoup demandée. Je suis un autoritaire de principes et de goûts et même un autoritaire légèrement draconien, vous le savez. Mais, enfin, puisque vous l'avez voulue tous, sans moi! cette liberté, et puisqu'elle est dans la volonté réfléchie de notre gouvernement et dans l'impérieuse tendance de nos mœurs, mon avis est qu'il faut s'en servir jusqu'au bout et pour tout; mon avis est qu'au terme où nous sommes arrivés, il n'y a plus que la publicité à fond de train et à lumière suraiguë qu'il faille faire entrer et ruisseler dans toutes les questions. Lors de l'insolence Montigny, à laquelle je suis bien obligé de revenir, puisqu'on la répète, un homme d'un sens très droit, mais qui, selon moi, s'est trop fait l'avocat des Théâtres comme on se fait *l'avocat des pauvres,* M. Francisque Sarcey, me reprocha très aimablement de n'avoir pas laissé tomber silencieusement à mes pieds le sot procédé du Gymnase, prétendant que ce qui se passait entre les journaux et le Théâtre n'intéresse nullement le public. Mais M. Sarcey ne me persuada pas, et malgré les raisons qu'il prit la peine de me donner, je suis demeuré convaincu, au contraire, que ce qui se passe entre les journaux et le Théâtre, ces deux immenses retentissements, ces deux formidables publicités, intéresse infiniment le public, juge de tout à présent, et qui, lui! ce juge-là, ne peut juger qu'en audience solennelle, et sur rien n'admet le huis clos.

Telles ont été, monsieur, mes raisons personnelles, et impersonnelles aussi, pour vous écrire en hâte, à la date de ce jour... A l'heure qu'il est, la question des Théâtres bout, et j'espère bien que nous la ferons bouillir jusqu'à faire sauter la chaudière ! L'Art dramatique meurt de la direction absurde ou de l'administration stupide des Théâtres. Un cri effroyable de tout ce qui a vie, force et intention, s'élève contre eux. Les faillites se multiplient, et les Théâtres subventionnés sont presque les seuls qui n'encourent pas — on sait pourquoi! — la bordée terrible. Les vieux

Comités tombent en pièces, et on s'ingénie, dans ce moment, avec des ouvriers manchots, à en radouber et calfeutrer la carcasse pourrie. L'argument, en faveur de la prospérité de l'Art dramatique, des salles pleines par des locomotives qui viennent y vider journellement leurs voyageurs, lesquels, le bec de la curiosité ouvert, se jettent sur tout ce qu'on leur donne, bon ou mauvais, et l'avalent comme des cormorans affamés, — et ce sont réellement les cormorans de la badauderie universelle ! — cet argument d'épiciers qui ont écoulé leurs chandelles ne prouve pas plus, pour la prospérité de l'Art dramatique, que les recettes fantasmagoriques qu'on s'est mis tout récemment à publier.

Dans ce désarroi universel, dans cet écroulement général des choses du Théâtre, les acteurs même, pour peu qu'ils aient un peu de talent et de fierté, ne veulent plus rester avec des Directeurs durs comme des Turcs et bêtes comme des Turcarets. Mme Pasca quitte le Gymnase et devient errante, comme Frédérick Lemaître. Beaucoup d'autres, dit-on, et qu'on nomme, vont l'imiter. On est à la fin de cette autre *Guerre des Gueux* que vous pourriez, monsieur, mettre en drame, pour faire pendant à l'autre... On est à la fin ! Et ils perdent la tête, comme tous les pouvoirs qui sont à la fin. Ils tombent de démence en insolence; et c'est leur excuse, même, d'être insolents. On n'y prendrait pas garde, s'il n'y avait que cela, mais ils croient peut-être que l'insolence est une manière de défendre et de sauver leur boutique, et c'est ce que décemment, nous, monsieur, nous ne pouvons pas laisser passer !

Agréez, monsieur, l'assurance de mes sentiments les plus distingués.

LA VIERGE NOIRE

BARBE-BLEUE — LES BLANCS ET LES BLEUS

Dimanche, 14 mars 1869.

I

Une apoplexie de Théâtres! C'est pour les jours où nous n'en avons pas un seul... La *Vierge noire*, jouée Samedi, — le soir même du jour où paraît le feuilleton du *Nain jaune*, — est un mélodrame dans toute l'antiquité du genre, mais rajeuni par un langage qu'on n'est pas accoutumé d'entendre en ces sortes de besognes. C'est du français, et pur de toute déclamation. Le Pixérécourt qui a passé par là, c'est M. Eugène Nus. Esprit de rêverie philosophique, qui a, je crois, fait quelque part un gros livre de philosophie, M. Eugène Nus, dramaturge en écharpe par-dessus sa philosophie, a des habitudes intellectuelles nécessairement élevées, et on le voit bien dans ce qu'il écrit, même pour le Théâtre. Avantage de faire des choses plus hautes que son métier! Sa *Vierge noire* est une histoire de Madone, de trésor caché, de caverne, d'assassinat, de condamnation à mort, avec toutes les rengaines décrépites de la chose; mais cette histoire est écrite avec une simplicité de style dont le contraste étonne et plaît... L'inspiration morale qui circule aussi dans cette pièce mérite qu'on la note. Les faux sentiments et surtout la fausse morale sont une espèce de déclamation pire encore que la déclamation de style, et cette déclamation n'existe pas plus que l'autre dans le drame de M. Eugène Nus. C'est honnête et ce n'est point plat. Par le temps qui court, c'est déjà beaucoup que l'honnêteté ne soit pas une platitude, et M. Eugène Nus a eu l'art d'en faire une poésie.

Il y a dans sa *Vierge noire*, en effet, un vieux pauvre, — cet inépuisable type de vieux pauvre dont Walter Scott, Wordsworth et Béranger lui-même ont tiré un si grand parti, et qui n'en reste pas moins un type immortellement fécond, — et ce vieux pauvre, admirablement joué par Vannoy, m'a fait d'autant plus de plaisir qu'il est une excellente contre-partie de ce vieux drôle philosophique, insupportable et pédant, que Mme Sand, dans ses *Mauprat*, avec l'esprit qu'on lui connaît, a nommé *Patience*, pour nous prévenir qu'il en a. C'est nous plutôt qui sommes obligés d'en avoir!... Le Patience de Mme Sand est, comme elle, un bâtard de Rousseau, faux comme ses père et mère, ennuyeux et rogue, et prêchailleur comme toute cette école d'ampoulés à qui, pour les punir, a été refusé le don divin de bonhomie. Le pauvre de M. Eugène Nus, au contraire, est un pauvre vrai, une âme charmante, d'abord sous la limousine du gardeur de chèvres à laquelle le temps et la misère attachent leurs franges, ensuite sous les pittoresques haillons du mendiant. Oh! pas du tout, ici, d'orgueil bête. Pas de pose! Pas de socialisme! Une main tendue *à la chrétienne*, et un noble sentiment de l'aumône, non pas dans celui qui la fait, mais dans celui qui la reçoit... Un tel rôle, que des taupes d'observation ont bien osé comparer au Thomas Vireloque de Gavarni, cet exécrable Parisien dont les guenilles puent le vice de Paris, et qui fait des mots de boulevard, est la meilleure réplique que je sache aux adversaires de la pauvreté, — la seule chance de poésie et de vertu qui nous reste, dans nos mœurs confortables et cupides et nos industrielles grandeurs!

Dans ce rôle exquis, Vannoy est exquis. Il a de

Bocage, du regard et de la physionomie de Bocage, mais sans l'emphase, la solennité et surtout l'enchiffrènement de Bocage. Il dit très bien, et dans un patois presque modulé, tant l'accentuation en est harmonieusement sauvage! Quant à Mlle Dugueret, cette maigreur qui vaut l'embonpoint, cette laideur qui vaut la beauté, ce visage aux larges narines passionnées et aux yeux profonds, et qui jette du feu par ces quatre cratères, j'aime encore mieux son physique que son talent. Son jeu est juste, — mais où il n'est que juste, Mme Dorval aurait été sublime. Mlle Dugueret ne montera-t-elle donc jamais jusqu'à cette note suraiguë dans le pathétique, que, dans ma tête, j'entends pour elle, quand elle joue?...

Il me semblait tout d'abord qu'elle devait être *le revenant* de Mme Dorval; n'en serait-elle que le fantôme?...

II

Voici une jeune fille qui revient d'Amérique, comme les oncles, — et, dit-on, avec une fortune d'oncle d'Amérique! Partie d'un café chantant de Paris, elle est allée là-bas se faire actrice, et elle est revenue actrice. Elle s'appelle tout uniment *Mademoiselle Aimée*, comme l'héroïne du *Chevalier Des Touches*. Un nom qui ne sera pas un contresens! Mlle Aimée a donc débuté aux Variétés dans le rôle de Boulotte et la reprise de *Barbe-Bleue*, avec l'aplomb d'une femme heureuse qui croit à son étoile, c'est-à-dire qui croit qu'elle en deviendra une. Sa voix est étoffée dans le médium et dans les notes élevées, mordante et non pas perçante, ce qui est bien différent. Plus petite que grande, plus ronde que forte, Mlle Aimée a été, dans les deux premiers actes de *Barbe-Bleue*, avec son *ébouriffade* de cheveux roux, une charmante tête de Greuze, mais une tête de Greuze sans innocence et qui ne pleure pas pour une cruche cassée, je vous prie de le croire! Elle a des yeux pour autre chose... et elle s'en sert! et elle s'en sert! et une bouche aussi, — et des dents, — et un nez qui se relève un peu du bout, et qui dit avec tant de malice au profil : « Tu ne seras pas un camée! » Le profil n'a pas l'air attrapé. Il a même l'air de dire : « Tant mieux! » car les camées sont bien imposants pour jouer la comédie, et surtout la comédie légère, que joue Mlle Aimée avec l'entrain d'un diablotin qui, par parenthèse, faisait, m'a-t-on dit, trembloter Mlle Schneider dans sa baignoire noire. Cette baignoire semblait son tombeau.

Elle n'est enterrée cependant que dans les âmes où elle est déjà morte. Le gros public de ces aimables temps où l'on écrit des gargouillades comme *Barbe-Bleue,* les seules pièces à succès certain, ne trouvera pas, je crains bien, M{}^{lle} Aimée, disons le mot, assez *canaille* pour la grossièreté de ses goûts, et il est capable de pervertir la jeune actrice. N'ai-je pas déjà entendu dire, dans le langage de la chose, qu'elle n'avait ni assez de *chic*, ni assez de *chien*, pour remplacer celle qu'on appelle encore la grande cascadeuse?... La grande cascadeuse reparaîtra, ornée de sa bourbe naturelle, et M{}^{lle} Aimée se perdra, si elle ne sort au plus vite du milieu de pièces dans lequel elle s'est placée, par le fait de sa distinction ; car je la soutiens distinguée. Elle l'a été le soir que je l'ai vue autant qu'on peut l'être dans une chose immonde, et aussi spirituelle qu'on peut l'être dans une chose résolument bête. Pimpante, mutine et leste, posant sa voix comme Thérésa pose la sienne, — car Thérésa fait déjà école, Thérésa laissera son influence sur le chant contemporain à sa manière, comme Duprez l'a laissée à la sienne, — M{}^{lle} Aimée va jusqu'à la nuance Déjazet dans le déhanché et dans le risqué, mais ne dépasse jamais cette nuance. Certes! ce n'est pas moi qui lui conseillerai jamais de la dépasser. Mais Déjazet, Déjazet elle-même ne recommencerait pas son passé. Elle

n'est plus au niveau de nos abjections, et elle peut
mourir sans laisser le jupon qu'elle a si délicieusement fait frétiller à personne. On veut maintenant de bien autres jeux de cotillon! Supérieure
dans les deux premiers actes à ce qu'elle a été dans
les deux derniers, Mlle Aimée n'a reconquis que
vers la fin de la pièce, quand elle a reparu en
Bohémienne et sans masque, sa physionomie de
comédienne, électriquement joyeuse, faite pour
exprimer le bonheur et pour le donner.

III

Par exemple, ce n'est pas du bonheur que nous
a donné, Mercredi soir, M. Alexandre Dumas,
avec sa pièce des *Blancs et des Bleus!* D'autres que
nous, qui compliquent tout par le sentiment,
diront qu'il faut respecter la vieillesse de l'auteur
d'*Henri III*, d'*Antony*, de *Christine*, de *Richard
d'Arlington*, mais lui, la respecte-t-il, sa vieillesse,
quand il fait jouer, avec la solennité qu'on mettrait
à jouer, un chef-d'œuvre, une parade du Cirque,
sans invention, sans unité, sans esprit, sans style,
sans talent quelconque, et dans laquelle il n'a
demandé le succès qu'à tout ce que le génie aurait

méprisé?... Figures de la Révolution, déclamation révolutionnaire, chauvinisme à dégoûter de la Patrie, si quelque chose pouvait en dégoûter, exploitation du Polonais, effacement lâche des Blancs par les Bleus, *Chant du Départ* gardé pour le dernier entr'acte, et exécuté en vue des applaudissements de la fin, sur lesquels on ne comptait plus, M. Alexandre Dumas n'a reculé devant aucun des moyens grossiers et impudents d'agir violemment sur l'imagination publique. Seulement, je dois le dire à l'honneur de cette imagination publique, malgré les nombreux amis qui, pour M. Dumas, sont des parterres, malgré les chauffeurs à gants blancs des baignoires, elle est restée vraiment plus froide que je n'aurais cru à ces exhibitions qui pourraient bien finir un jour par un mal au cœur universel! Dans l'état actuel des facultés dramatiques de M. Dumas, le seul service réel qu'il pourrait rendre encore, ce serait de nous faire remonter, par le dégoût, vers une conception de l'Art théâtral plus pure et plus haute que la honteuse visée, par toutes les bassesses de l'esprit, à la plus abjecte et à la plus sotte popularité!

De l'analyse pour cette grosse machine, dont les morceaux, pour peu qu'on les prenne, vous restent à la main, il n'y en a pas. Selon les invariables coutumes de ce metteur en œuvre qui a toujours tiré ses drames de quelque chose qui n'était pas de lui, l'idée de la chose d'aujourd'hui, car ce n'est pas un drame, est tirée des *Mémoires* de ce pauvre Nodier, qui ne se doutait pas qu'un farceur sérieux le ferait voir un jour sur un Théâtre, à cheval, en espèce d'aide de camp du représentant du peuple Saint-Just! Saint-Just non plus, cette figure shakespearienne, ne se doutait pas du Shakespeare qui l'attendait. M. Alexandre Dumas n'a pas même compris le côté matériel de cette terrible figure. Il a donné ce rôle de l'impassible Saint-Just, l'*uomo di sasso* véritable, à ce paquet de nerfs tordus comme des couleuvres qui auraient la colique, et qu'on appelle Taillade, lequel a cru se faire froid et n'a été que spasmodique. Est-ce aussi M. Alexandre Dumas qui a perdu jusqu'au sens de la mise en scène, et qui a planté sur le chapeau de Saint-Just les trois plumes blanches de Henri IV?... Il est des gens pourtant qui n'ont pas vu cela, et qui ont trouvé que Taillade *était Saint-Just même*. S'ils furent forts en thème, ces gens-là, ils ne sont pas forts en Histoire. Mais qu'y a-t-il de vrai ou de pensé dans ces propos?... En disant du bien de M. Alexandre Dumas, on croit faire la charité à Bélisaire. D'ailleurs, M. Dumas n'est pas responsable de la bêtise de ses amis, le seul dévouement qui devrait être impossible! Nous qui ne sommes pas dévoué, nous voulons être plus délicat. Nous montrerons une pitié silencieuse, en n'insistant pas sur sa pièce, pour l'état dans lequel est tombé un talent autrefois puissant et qui eût été grand peut-être, s'il s'était un peu plus respecté... On a dit quelquefois que M. Dumas avait, en art dramatique, un tempérament à la Mirabeau, qui aussi prenait aux autres leurs idées, mais qui les faisait flamber à la flamme de son génie. Mirabeau, c'est bien grand ! Mais mettons Danton pour M. Dumas... Danton, populaire, fort, mais charlatan de sa force, disait en mourant : « Nous avons bien bu, bien riboté, bien caressé les filles; allons dormir! » En matière de succès de Théâtre, M. Dumas a fait un peu tout cela, et je crois qu'il est arrivé à l'heure où, jugé et condamné comme Danton, il peut aller dormir...

Qu'il y aille donc ! il dormira en s'écoutant.

PATRIE!

Dimanche, 21 mars 1869.

I

Nous en sortons, de cette salle fumante. Auteur nerveux, acteurs nerveux, public nerveux! Tout était monté à un égal diapason. Les nerfs de M. V. Sardou, ce Taillade des auteurs, étaient comme tendus d'un bout à l'autre de cette salle pleine, et jouaient, et se crispaient et vibraient, oui! vibraient déjà, même avant que le rideau fût levé. Il y avait là, comme des chefs d'opinion *claquante,* les confidents de la dernière répétition, qui disaient, avec de gros dos importants et flattés et des airs mystérieux et certains: « Vous allez voir ce que vous allez voir! » comme les escamoteurs. Il y avait là partout, et particulièrement autour de moi, des femmes à tête montée, en demi-toilettes d'émotion commandées d'avance, où (quelques-unes!) en grand uniforme de gala et... de pamoison. Le succès était sûr. Il fermentait. On le sentait. Il enflait, il gonflait sa capsule. Il a éclaté! Mais est-il mérité? est-il juste? Voici la question qu'on se fera demain, quand on aura le front sorti de l'électricité d'une salle et de l'oppression des applaudissements universels. M. Victorien Sardou, le poète comique du Théâtre ratatiné du Gymnase, M. Sardou, le Scribe convulsé, le souple et prestigieux grimacier dramatique qui nous paye souvent en monnaie de singe du génie, que nous prenons pour de la bonne et solide monnaie battant neuf, a-t-il passé ce soir du petit Molière de l'époque au petit Shakespeare de l'époque, et, ma foi! tout aussi facilement qu'on passe d'une pièce dans une autre?... M. Sardou, ce croissant aiguisé qui n'avait jusqu'ici qu'un profil pointu, cette coupante figure en serpette, — car le dehors donne le dedans, ô Physiologie! — va-t-il être enfin une lune entière, un visage plein, un poète dramatique complet, qui a tout à la fois le côté qui rit et le côté qui pleure, le double masque, comme l'avait la Muse du Théâtre, dans l'Antiquité?...

Franchement, pour mon très humble compte, je ne le crois pas... Malgré son succès de ce soir, M. Sardou, le dramaturge, ne sera pas plus le Shakespeare, même réduit, de notre temps, qu'il n'en est le Molière, même réduit. Il sera dans le drame, s'il continue à faire du drame, — et je le lui conseille, et tout à l'heure je vais lui dire pourquoi, — ce qu'il a toujours été dans la comédie : un habile faiseur, un rusé compère à petits moyens. Mais un grand artiste à intelligence profonde et à entrailles vivantes, non! Voilà ce qu'il ne sera jamais. Aujourd'hui même, M. Sardou a été, je le crois, supérieur à ce qu'il a l'habitude d'être, mais il a été ce qu'il est toujours. Il n'a pas été différent, et c'est différent qu'il fallait être. Dès l'exposition de son drame, très claire, très mouvementée, et dont la plénitude ne nuit point à la transparence, on reconnaît la main et la navette de l'habile tisserand qui nous a tissé, sans rompre les fils, cette longue étoffe de deux intrigues entrelacées, — une intrigue politique à laquelle est mêlée une intrigue de cœur. Cette main de tisserand a fait, je ne le nierai pas, certes! sa trame avec une alerte habileté. Les deux fils qui l'ont composée, variée et nuancée, ne se sont pas brouillés une seule fois. Là où il fallait qu'ils se séparassent et se rejoignissent, ils se sont séparés et rejoints : travail d'Arachné dramatique! Tout cela a été fait, détaillé, épinglé, *soufflé* presque comme de la dentelle. Tout cela a été fait... *avec rien*, comme ils disent au Théâtre; car ils ont au Théâtre leur langage hiératique, ces prêtres... La salle, plus sensible au métier qu'au talent, comme toute salle, comme toute foule, qui se connaît toujours mieux en ouvrier qu'en artiste, la salle a senti profondément cette faculté de maître ouvrier dans M. Sardou et l'a saluée par des applaudissements qui ont eu leur loyauté et leur vérité, à travers les crèmes, fouettées d'avance, d'un succès qui semblait fait, avant d'être fait... Et voilà ce qui l'a justifié, ce succès ! Voilà ce que je puis et ce que je dois reconnaître. Mais quand j'ai dit cela, j'ai tout dit.

J'ai tout dit. Et savez-vous ce qui nous reste à dire encore?... Il nous reste l'œuvre de l'Art, après la besogne du métier !

II

Le sujet de *Patrie!* — un titre-cri, qui nous entre dans l'oreille par l'œil, est le point sur un I de la ballade de de Musset (oh ! tout sert !), mais la tête en bas ; le sujet de *Patrie!* (je n'apprends rien maintenant à personne) est l'insurrection flamande au xvi⁰ siècle contre le gouvernement espagnol ; le commencement de cette guerre des Gueux dont MM. Claretie et Pétrucelli de La Gattina ont donné récemment le tableau. C'est un de ces sujets qui, dans l'état actuel de la pauvre pensée moderne, affolée de liberté et d'insurrections d'où qu'elles sortent, sont toujours sûrs de réussir. Il fallait le sommeil d'Homère de M. Alexandre Dumas, qui, du reste, n'a jamais été Homère que par le sommeil, pour rater le succès comme il l'a raté dans ses infortunés *Blancs et Bleus*. M. Sardou, cet écureuil qui ne dort pas, lui, n'a pas manqué de s'emparer d'un sujet qui devait pincer la fibre de tous, la corde grossière au service de l'archet de tout ménétrier qui voudrait faire danser son public! Une insurrection, un complot, ces choses acquises à toute espèce de mélodrame; des catholiques à déshonorer, des phrases de liberté qui trouvent leur écho dans le sentiment de toutes les révoltes; quelle bonne mine à exploiter pour un homme comme M. Sardou, lequel a le flair de ces sortes de choses qui rendent facile le succès! Manquer à tout cela, c'eût été manquer à soi-même. Cela ne se pouvait pas. Eh bien, si, au milieu de tout ce que je viens d'accumuler, vous jetiez encore un bon adultère, avec la miséricorde du mari trompé, — car il faut que ces cocus, autrefois ridicules et devenus majestueux depuis le *Jacques* de Mme Sand, pardonnent à leurs cornificateurs (c'est le comble actuel du sublime, qui réhabilite, du même coup, et les trompeurs et les trompés), — vous pourriez être sûr du grand succès que

M. Sardou vient d'avoir! Il ne l'a dû à aucune des deux choses qui auraient pu le lui donner. Il ne l'a dû ni à son entente de l'Histoire, qu'il n'a pas su ressusciter dans sa réalité puissante, ni à son intelligence de l'âme humaine, à laquelle il n'a arraché aucun cri qui n'ait été crié cent fois, — un *cliché!*

Ah! l'Histoire! M. Sardou la sait-il? Ou s'il la sait, la comprend-t-il? S'il en a la connaissance brute, en a-t-il l'idée?... Le duc d'Albe disait: « Mieux vaut une tête de saumon que mille têtes de grenouilles. » Nous allons faire comme le duc d'Albe : c'est la tête de saumon du drame de M. Sardou. Les grenouilles, ce sont les Flamands de fantaisie, qui ressemblent d'ailleurs à tous les libérateurs de peuple qu'on voit dans tous les mélodrames où l'on veut en délivrer un; mais le duc d'Albe, c'est la tête historique à laquelle il faut redonner la vie historique, comme Shakespeare savait la redonner à tout ce qu'il touchait, que ce fût Henri IV d'Angleterre ou Jules César, Richard III ou Coriolan. Le duc d'Albe, entrant dans le drame de M. Sardou, devait y entrer dans toute la rigoureuse et inviolable sincérité de son personnage historique. Or, les deux qualités, poussées jusqu'au surnaturel, du duc d'Albe, c'étaient l'intrépidité dans la prudence et le sang-froid dans la colère. Le duc d'Albe, c'était le catholicisme draconien. Ce n'était pas, comme le croient les ignorants et les sots, un homme de bronze que le duc d'Albe, sourd à la pitié comme une chose, vide d'entrailles comme ce couperet qu'on appelle Saint-Just et qu'on admire, pour l'heure, au Châtelet, où il se rengorge et déclame dans la grosse cravate de Taillade. C'était un homme d'État dont la tête gouvernait absolument le cœur. Après la mort du duc d'Egmont, le duc d'Albe recommanda noblement sa veuve et ses enfants à Philippe II, et, tout le temps même qu'elle vécut, servit une pension, de ses propres deniers, à la malheureuse duchesse. Mais tel qu'il pût être, ce duc d'Albe dont M. Sardou a fait un père orageux, ayant dans le cœur, pour sa fille malade de la poitrine, un sentiment à la Triboulet (du *Roi s'amuse*), il n'était pas homme à sacrifier ses devoirs d'État aux quintes de toux et de caprice de sa fille, comme il le fait dans le drame de M. Sardou quand il lui accorde la grâce de Karloo. Je n'ai vu nulle part que le duc d'Albe ait été père dans les circonstances où le place M. Sardou; mais, par hypothèse, il l'aurait été, qu'il n'eût pas été père de cette façon moderne, ridicule et pleurnicheuse. Il n'aurait pas été une marionnette de paternité. Le duc d'Albe, dont Prescott, l'Américain Prescott qui n'a guère de préjugés catholiques, a écrit ces mots : « Nous frémissons en contemplant un tel caractère, mais, nous devons l'avouer, il y a quelque chose qui *provoque notre admiration* dans cette vigueur, dans cette inflexibilité, dans ce mépris de *toute crainte et de toute faveur* avec lesquels cette nature indomptable exécutait ses plans... » le duc d'Albe de l'Histoire ne pouvait pas être le nerveux, encoléré et tendre de M. Sardou. Mais s'il était resté le vrai duc d'Albe, tout en craquait, et le drame de *Patrie!* était impossible.

Voilà pour l'Histoire! — Et voici pour le cœur humain, que M. Sardou ne connaît pas mieux que l'Histoire. Dolorès, la femme du comte Rysoor, qui trahit son mari pour son amant Karloo, est assez éperdument, assez perversement amoureuse pour aller dénoncer la conspiration de son mari au duc d'Albe, afin de vivre en paix avec son amant. Caractère et action abominables, personnage hideux, mais que je ne discute pas et que j'accepte des mains de M. Sardou; car la beauté de la passion, c'est, en Art, souvent son horreur et sa frénésie : voyez plutôt lady Macbeth, qui a affaire aussi à un faible cœur, qu'elle entraîne ! Seulement, lady Macbeth est coulée d'un jet en plein sang de tigresse, et elle n'en a pas une goutte de femme dans les veines qui puisse faire remonter celui-là vers son effroyable cœur. Dolorès, au degré de passion où M. Sardou l'a conçue, *doit être* et *doit se croire* littéralement une réprouvée, et une réprouvée n'a ni les faiblesses, ni les terreurs, ni les remords, ni les hontes, ni les incertitudes de la femme du comte de Rysoor. Le langage, les cris, les gestes, la volonté infernalement arrêtée et les actes de Dolorès, sont en perpétuelle contradiction les uns avec les autres. Son personnage n'est pas attaché, qu'on me permette ce mot ! pas articulé, pas organisé. A mesure qu'il s'avance, on dirait qu'il tombe, par morceaux, à ses pieds ; marionnette aussi, qui n'a que des cris qu'on a entendus dans vingt drames, et pas un mot, pas un mot un peu neuf et vivant qui nous darde au cœur ou à l'esprit comme un éclair ! Cette Dolorès, qui trouve enfin l'exterminateur de son crime dans ce pauvre amant, en pleuraillerie éternelle, pendant toute la pièce, entre son ami, qu'il trompe, et sa maîtresse, qu'il n'ose aimer ; cette Dolorès a cessé d'être pathétique bien avant d'avoir été frappée. On ne s'intéresse qu'aux monstres bien faits, qui ont leur logique dans leurs déviations et leurs perversités. Mais M. Sardou n'a vu évidemment dans sa Dolorès, comme dans son duc d'Albe, qu'une machine à situations !

Car les situations, telle est sa visée. Des situations, voilà ce à quoi M. Sardou s'attache, coûte que coûte, et à tout prix ! Comme presque tous les auteurs dramatiques de ce temps, matérialistes raccourcis dans leur art, plus ou moins joueurs d'échecs ou d'onchets qui ne font pas jaillir les situations des sources spirituelles où elles sont pourtant, c'est à-dire des passions et des caractères, M. Sardou ne les cherche ni dans les unes, ni dans les autres. Il les trouve ailleurs. Il les trouve en ces *moyens menus* dans lesquels il est expert, comme une main blessée au premier acte qu'on reconnaîtra au troisième ; une épée laissée sur une table (dans le drame de ce soir) ou toute autre petite circonstance extérieure qu'on a mise là, en prévision d'un effet à produire plus tard. Là, je l'ai dit, est le mérite incontestable, mais inférieur, de M. Sardou. Le drame d'aujourd'hui a plusieurs scènes qui sont des situations ainsi amenées, mais qui, une fois venues, font tout oublier au public, *l'animal aux têtes frivoles*, qui ne voit plus qu'elles. Seulement, au fond, c'est toujours le mot du vieux Satirique, qui s'y connaissait :

... Avez-vous vu l'*Arbate?*
Voilà ce qui s'appelle un ouvrage achevé...
Surtout l'anneau royal m'y semble bien trouvé!

L'anneau royal de l'*Arbate*, au xviie siècle, c'était du Sardou anticipé!

III

Quant à celui de l'heure présente, vous voyez bien que c'est toujours à peu près le même, soit qu'il fasse des comédies ou des drames. Ne mettant ni plus ni moins de sentiment ou de pensée sous ces deux formes dramatiques, qui, en tant que formes seulement, lui importent, M. Victorien Sardou n'est point, à proprement parler, un homme d'essence, mais seulement de forme dramatique. Il est même assez indifférent à la chose, la grande chose dramatique. N'a-t-il pas fait un *libretto* d'opéra-comique dont le héros était, je crois, Henri IV? Cependant, forme pour forme, puisqu'il n'y a pour lui que des formes dramatiques, je lui conseillerais volontiers de rester désormais dans le drame, et de s'attacher de plus en plus à cette forme du drame abordée heureusement ce soir. Je le crois véritablement fait pour elle, dans la mesure de ses facultés, et il le sent lui-même si bien que dans ses comédies, quand l'idée, ou l'observation, ou le souffle lui ont manqué, il a tout de suite placé du drame; rappelez-vous le fameux vol des diamants et l'incendie d'une de ses pièces ! Dans le drame, le tissage de l'étoffe, que je lui reconnais, les moyens menus, les petits nœuds adroitement faits, défaits, refaits et retors, le style suffisant, chauffé, comme ce soir, au bain-marie d'une honnête déclamation, et surtout, surtout les situations, le tremplin des situations qui enlève toujours ce sauteur de public, qui saute comme s'il était marquis ! tout cela réuni peut lui faire relativement une grande place... Dans la comédie, où il est, qui sait? peut-être épuisé, comme a pu le faire craindre *Séraphine* que je voudrais voir sans M*me* Pasca et sans Landrol, le public est bien plus difficile à prendre. Dans la comédie, il faut de l'esprit avant tout, et M. Sardou n'en a point. Il a de la finesse, mais la finesse n'est pas l'esprit, ce jeu volant de l'esprit et ses reparties enflammées de raquettes obligées dans les dialogues de toute comédie. Ah ! le dialogue des comédies de M. Sardou. Voulez-vous en juger, quand la bouche de l'acteur ou les lèvres de l'actrice n'y mettent pas leur vibration, leur étincelle ou leur morsure? Lisez-les au coin du feu, le front dans votre main et seul, et vous verrez ! C'est là la grande épreuve, l'épreuve de l'homme ; car tout homme assis dans une stalle d'orchestre, devant un Théâtre, n'est plus qu'un enfant; et un enfant qu'on ensorcelle !

Nous ne l'avons pas, du reste, été infiniment ce soir, par les acteurs, du moins. La mise en scène de M. Raphaël Félix est très belle, à l'exception de ce trou dans la glace, qui a été un trou dans la pièce, où la patrouille s'est assez ridiculement engloutie en y apportant la plus extrême bonne volonté. Les petits papiers qu'on faisait pleuvoir des remparts pour faire de la neige n'ont été qu'une polissonnerie. Laissons cela... le reste était imposant, somptueux, parfois grandiose. Mais les acteurs! tous d'abominables médiocrités, excepté Dumaine, noble et touchant et d'un fier geste, à trois et quatre reprises, et qui a étoffé de sa bonne grosse voix (toujours un peu emphatique, mais laissez-le faire! il la forcera à être simple : il est en progrès,) la maigre prose de M. Sardou, qui la croit peut-être forte, parce qu'elle est maigre.

Et je n'excepte pas de la médiocrité générale Mlle Fargueil, Mlle Fargueil, la voix tuée par cette salle de la Porte-Saint-Martin qui n'est plus la boîte du Vaudeville, le nez allongé, la bouche amère, jouant l'amour le plus physiquement, le plus sensuellement fou, avec les lèvres curvilignes d'une vieille avare comptant ses serviettes. On ne l'entendait pas, ou si on l'entendait, c'était cette voix fausse, poussée en une modulation prétentieuse, accompagnée d'un geste sur l'air des *Trembleurs;* car c'est un vrai tremble que cette sèche femme-là ! et qui, de tous ses tremblements de main et de voix, n'a pu dégager un geste naturel ou un mot juste. Au dernier acte, elle portait un délicieux costume blanc, voluptueusement rattaché au-dessous des hanches et les cinglant avec une coquetterie provocante... mais il aurait fallu la tournure de la Polymnie pour le mouler! Berton, que j'avais vu si distingué dans l'*Abîme*, avait la voix et presque le jeu de Laferrière. Charly, très habilement grimé sous ses costumes du duc d'Albe (celui de l'armure, magnifique !), n'était que le duc d'Albe façon Sardou, non notre grand duc impassible, et Mlle Léonide Leblanc a toussoté son rôle, et minaudé avec son terrible père pour lui soutirer ses résolutions et lui faire faire ses toutes petites bonnes volontés, comme s'il avait été le *papa* d'Albe, un père du Vaudeville.

Tout cela, nonobstant, applaudi à tout rompre par les enragés d'admiration qui ont demandé *Sardou! Sardou!* que j'aurais aimé à voir venir dans son triomphe avec son petit air froncé de fée Gribiche, — la fée Gribiche de l'Art théâtral.

Il n'est pas venu. On est sorti, l'appelant Corneille. « Que d'argent et que de représentations ! » disaient-ils tous avec envie.

Eh bien, mettez-lui une couronne de pièces de cent sous, et n'en parlons plus !

LA DIVA

Jeudi, 25 mars 1869.

I

La *Diva*... ne va! Ils l'ont applaudie médiocrement ce soir. Mais à sa première représentation, où je n'étais pas, ils l'ont, dit-on, très bien sifflée. Les Flûtistes actuels de M. Sardou se sont empressés de lui offrir ces airs de sifflet, comme plus agréables, pour lui, que leurs airs de flûte, et, de fait, ils sont plus agréables, même pour nous. Pour nous, il est vrai, ces airs de sifflet ne sont pas le grand signe de toute une révolution morale dans les choses du Théâtre, comme disent les grands critiques patriotiques et moraux, les hauts *télescopiers* de l'opinion publique, qui proclament que cette pataugeuse dans les lieux bas est, grâce à M. Sardou, *remontée, remontée vers les cieux!* Selon nous, c'est moins sublime que ça... On s'était grisé, on se dégrise, et on est écœuré du vin dont on a été gris. C'est l'usage de toute indigestion. Quand M. Sardou, le Cornélien, nous aura donné autant de *Patries!* et de points d'exclamation que MM. Halévy et Offenbach de pantalonades, il verra! ou plutôt entendra...

Et d'autant que c'est toujours — la pièce d'aujourd'hui — la même homélie de Monseigneur l'Archevêque... de Cascade! Ce sont toujours les mêmes vieux airs, les mêmes vieilles bêtises, les mêmes vieilles polissonneries, les mêmes vieilles tapes sur le ventre, à la même vieille place, et faisant toujours rire, du même vieux rire bête, le même vieux public! Dans cette *Diva*, qui n'est pas divine, ils se pillent tous. Les auteurs se pillent. Les acteurs se pillent. Le musicien se pille. C'est une pillerie universelle! Derniers sous de cette grossse pièce qu'on appelle *la Duchesse de Gérolstein*, c'est elle encore en menue monnaie... Ah! dame, un grand succès est parfois dangereux. C'est souvent un os resté dans la gorge d'un vrai talent, pour toute sa vie. Moins heureuse que la cigogne de la Fable, la Critique, avec son bec pointu, ne peut pas toujours vous en défaire. Que de fois j'ai dit pour mon compte à M. Meilhac, l'auteur, avec M. Halévy, de *Fanny Lear*, qui pourrait faire, s'il le voulait, passer de si mauvaises nuits aux nerfs de M. Sardou, de s'efforcer... de cracher cet os qui l'étrangle, de renoncer à ce faux genre qui perd son talent, en le déshonorant! Il ne m'a pas écouté... Qui sait? il n'est peut-être déjà plus libre, déjà plus maître de sa pensée! car voilà le châtiment : « Quand les hommes ont trop aimé les femmes, — disait Chamfort, — leur punition, c'est de les aimer toujours. » Eh bien, bon pour les femmes encore! mais pour les farces... les aimer toujours! être rivé au rire du bouffon toute sa vie! Avec les rares qualités du poète comique, strangulées, étouffées en soi, être cousu dans le sac de Scapin pour avoir trop aimé le sac de Scapin avec Offenbach pour compagnie, — et être là, tous deux, comme le coq et le serpent du sac de l'adultère, puis jeté par-dessus bord, non pas à l'eau, mais à la voirie des petits crevés et des cocodettes, — avoir toutes ces oies pour vautours et qui vous trouvent *bon*, en vous dévorant : quel destin!

II

Quand à la diva de cette *Diva*, sans nouveauté et sans rutilance, Mlle Schneider, nous l'avons donc revue dans ce rôle taillé exprès pour elle, et qui n'a, pour toute musique, qu'une très jolie robe au second acte, une robe de soie grise, avec des dentelles et de sobres diamants, — toute une mélodie ! Il y avait longtemps que nous ne l'avions vue, cette Cotillon Ire du peuple de Louis XV, décrépits que nous sommes ! A tant rouler, dit le proverbe, pierre n'amasse pas de mousse, mais c'est le contraire pour Mlle Schneider. Elle a de la mousse, elle ! non pas dans son verre, non pas dans son talent, non pas dans sa gaieté, — elle n'a pas de celle-là ! — mais elle a de la mousse comme les ruines en ont... Non qu'elle soit une ruine encore ! mais la mousse, la diablesse de mousse commence à pousser... J'ai dit qu'elle se pillait. Serait-elle l'esclave de son jeu, comme M. Meilhac de son genre ?... Toujours est-il que c'est le même jeu, et ce n'est plus le grand jeu. C'est toujours la même grâce *canaille*, les mêmes coquetteries turlupines des piqueuses de bottines du bal Bullier, qui font arriver, du fond de leurs déserts, les souverains, dans leurs grosses bottes...

la même manière de faire *cancanner* jusqu'à ses yeux, en les clignant, et de bambocher des épaules!... Mlle Schneider ne change que physiquement. Elle ne mérite plus de s'appeler de ce nom si frais, si doux et si touffu d'Hortense. Il a plu sur les Hortensias! Même sous le maquillage, son teint trahit des rougeurs inquiétantes, et comme on les voyait, ce soir, à la lumière de toutes ces fillettes qui l'entouraient et qui la mitraillaient, ces mitrailleuses de dix-huit ans! Ah! ces rougeurs-là, ce ne sont plus celles de l'Aurore, ni de la Pudeur, ni même du Plaisir, mais la nuance tomate de la damnée cuisine du Temps.

Triste! triste! triste! malgré tous ces rires, et ces rossignolades de vomitifs ou ces vomitifs de rossignolades! Gaieté funèbre, dans la salle la plus gaie, qu'on prendrait pour la coquille vermillonnée de la Vénus Commode, arrêtée et nageant sur les Eaux impures, mais qui ne sera bientôt plus qu'une coquille d'huître, si M. Noriac n'y met ordre; si M. Noriac, qui est un homme d'esprit et de lettres, ne trouve pas le moyen d'inspirer des pièces dans une autre gamme (littéraire et musicale) que cette gamme usée, avec des acteurs et des actrices qui le sont aussi!

LA CLOSERIE DES GENÊTS

4 avril 1869.

I

Ils ont repris, à la Gaîté, la *Closerie des Genêts*, ce mélodrame de Frédéric Soulié; et ce vieux mélodrame, dans lequel tant de choses ont vieilli et qui n'en frappe pas moins les esprits connaisseurs par sa construction simple et forte, est un spectacle curieux et instructif au moment où l'on fait à M. Sardou, à propos de *Patrie!* un succès par-dessus les toits. C'est une manière, qui en vaut une autre, d'éclairer le succès de M. Sardou... Il y a, en effet, dans la *Closerie des Genêts*, dont on ne parlait plus guère, une robustesse de talent qui n'est, certes! pas dans *Patrie!* cette pièce de parti, dont le succès tient aux ritournelles de liberté qu'on y chante. La *Closerie des Genêts* rappellera à ceux qui croient M. Sardou un phénomène de notre âge, que bien avant lui, trente-cinq ans avant lui, cet employé en chef actuel au département de la ficelle, on savait arranger et tricoter un drame avec une sûreté de main ferme et large, qui valait un peu plus que la petite habileté, accrochante et décrochante, d'une main grêle! Frédéric Soulié *construisait* pour le moins aussi bien que l'auteur des *Pattes de mouches* et de *Patrie!* Mais, de plus, il versait dans ses *constructions* dramatiques une âme qui n'a jamais battu sous la mamelle plate — gauche ou droite — de M. Sardou. Je ne parle plus maintenant de *Patrie!* mais dans tout le théâtre de M. Sardou, je vous donne le défi de trouver une scène, une seule scène du pathétique, de la simplicité et de la grandeur de celle où le vieux Chouan fait asseoir sa fille coupable devant lui, et s'obstine à lui rendre ses comptes d'argent, pour lui demander mieux, à elle, compte de son honneur. Ce père-là est un autre père que le duc d'Albe inventé par M. Sardou, trop bronze sur la place publique, trop sucre d'orge à la maison. Il est taillé dans une autre nature humaine, dans une autre réalité, et pourtant personne n'a jamais pour cela traité Frédéric Soulié de Corneille!

Il est vrai que dans le temps où il écrivait, ce temps accoutumé aux œuvres fortes, les jeunes benêts du temps de la *crevaison* universelle n'existaient pas !

II

Frédéric Soulié, en effet, l'auteur du *Proscrit*, de *Clotilde*, d'*Eulalie Pontois*, du *Fils de la Folle* et de ces *Mémoires du Diable*, une vraie ruche de drames qu'il aurait peut-être mis à la scène s'il avait vécu, Frédéric Soulié, dont il faudrait déterrer le cadavre pour montrer aux gringalets dramatiques d'à présent combien ils sont petits, n'était pas plus un Corneille que M. Sardou; car pour être Corneille, il faut le style et le vers, ce premier des styles, cette langue dans la langue, et Soulié n'avait le style ni en prose, ni en vers. Il était incorrect, lourd, surchargé, commun souvent, quoique énergique toujours... S'il avait été écrivain au même degré qu'il était inventeur, nous aurions un génie de plus à compter dans notre littérature. Mais l'écrivain manquant, l'inventeur n'est pas resté, selon la loi, que je trouve divine : « Tout ce qui n'est pas écrit ne vivra pas. » Frédéric Soulié était surtout un inventeur.

Les *Mémoires du Diable* sont une suite d'inventions endiablées. Les drames aussi. C'est effréné, rutilant, rocailleux, bouffi, infecté des exagérations et de tous les vices du temps, c'est tout ce qu'on voudra, mais c'est inventé ! Cela n'est l'imitation de rien et de personne! Le mâle, le générateur qui a commis de telles créations, est puissant... C'est un tempérament à la 1830, un des plus ardents, des plus musclés et des plus nerveux de cette troupe de poulains sauvages, d'étalons hennissants, qui sautaient, à se rompre les aines, pardessus toutes les barrières, et dont quelques-uns s'y sont éventrés. Il était de l'époque de Balzac, de Victor Hugo, de de Musset, d'Alfred de Vigny, de Dumas, d'Eugène Sue, tous inventeurs d'un autre ordre, mais qu'il n'imitait pas, qu'il eût dédaigné d'imiter, parce qu'il se sentait, dans sa tête ronde et forte comme un globe, une faculté d'invention bien à lui, abrupte et féconde. Cette tête, pour qui l'a vue, ne peut s'oublier. Il en coupait les cheveux très courts et en brosse, ce qui lui donnait, avec ses larges et longues moustaches veloutées de léopard noir, l'air d'une Tête Ronde à la Balfour de Burleigh. Cette figure énergique de lion sans crinière, qui eût sied à un casque et à laquelle un casque aurait sied, n'exprimait rien de plus que la force rude et ardente : — tout le talent de l'homme en ces deux mots. Ce n'était pas la force réfléchie, redoublée, acquise, volontaire, trop coquette même pour de la force, de Stendhal, qui fut aussi un des forts du temps ; c'était une force spontanée, primitive, inconsciente et vraie, qui poussait l'œuvre devant elle et qui ne s'amusait pas à la lécher. Soulié, dans l'ordre intellectuel, avait la force musculaire du peuple, dont il était sorti. Né sur le dernier échelon social, recueilli un jour, comme Dupuytren, par la pitié d'un homme qui le trouva en haillons dans l'ornière d'un grand chemin, et qui fut frappé de ce crâne d'enfant sur lequel il posa la main et de ces yeux noirs qui promettaient de l'énergie pour plus tard : — action ou pensée ! — il fut dégrossi plutôt qu'élevé, mais il avait naturellement de ces biceps qui peuvent se passer d'exercice. Génie ou plutôt fragment de génie, dont la postérité ne devra pas beaucoup s'inquiéter parce qu'il n'avait pas le *fini*, la langue conservatrice et accomplissement de toute œuvre, qui, pour durer, doit être un chef-d'œuvre, mais détonation dans son temps, car la faculté d'invention atteint aux succès immédiats, Soulié inclinait d'imagination au Tragique, à l'effet sinistre, aux fatalités. Il y avait en lui une fibre, rien qu'une fibre, il est vrai ! de la passion de Shakespeare. Ce fut une espèce de Shakespeare bas, de Shakespeare de portefaix et de portières, mais j'aime encore mieux cette façon d'être Shakespeare que d'être Corneille à la manière de M. Sardou.

Corneille seulement pour abattre, en littérature, des noisettes !

III

La *Closerie des Genêts* est jouée avec beaucoup de soin et de bonne volonté, je ne dirai pas avec ensemble. Ç'a été le mot de Mme de Staël : « Les pauvres diables ont fait ce qu'ils ont pu, » et je dis cela non pour tous, mais pour ceux qui, dans cette troupe de la Gaîté, sont encore de pauvres diables. Mlle Duguerret, qu'il faut mettre à la tête de ceux qui montrent du talent, n'a pas de rôle digne d'elle dans la *Closerie ;* car le rôle de Louise, qu'elle y joue avec sa justesse accoutumée, est bien l'occasion de la pièce, mais n'a pas la *mise en dehors* de son importance. Il est entièrement sacrifié au rôle du père, de ce vieux Chouan, croix de Saint-Louis et paysan qui ne sait pas lire, d'une si vraie magnificence de paternité. Louise, dans la pièce de Frédéric Soulié, n'est là que pour l'enfant qu'elle a fait et pour entendre cette punition, qui dure une demi-heure de scène poignante, et que lui impose et que fait tomber sur sa tête la probité fière du vieux Chouan. Mlle Duguerret, écrasée sous ce courroux sublime, a eu de belles poses d'écrasement et s'est bien jetée aux pieds de son père, — mais un mouvement n'est pas un rôle, et quand un rôle existe, il peut être une création. Quand aura-t-elle donc un rôle qui lui appartiendra, qu'elle marquera de son ongle? car elle doit avoir des ongles, ayant de pareils yeux! Jusqu'à preuve du contraire, je m'obstinerai à croire que Mlle Duguerret a en elle le combustible d'une grande actrice. Mais quand l'allumera-t-elle tout entier? Quand mettra-t-elle dans son talent la même flamme noire que dans son regard? Chotel, qui jouait le père de Louise, arrache, dans ce bouillonnement paternel, quelques accents vrais du fond de sa forte poitrine. Mais qu'il corrige l'emphase par trop apoplectique de son jeu! Mme Clarence, cette violette des actrices, n'a guère eu que sa modestie, mais Vannoy et Grivot ont été excellents. Grivot, mordant et presque profond dans le garçon de ferme avaricieux et mauvaise langue, et Vannoy dans le vieux grognard de l'Empire, un *la Clef-des-cœurs...* qui ne les ouvre plus! Il ressemblait à une chanson de Béranger et tout à la fois à un dessin de Charlet. Enfin, Tisserand, très bien grimé, très finement pommelé, un ancien pastel gouaché par le temps, très général en retraite de tenue, a joué... comme au Gymnase, mais quand son rôle s'est élargi et passionné, j'ai cru voir éclater ce comédien genre Scribe. Pour les autres, je n'en veux rien dire. Ils ont été « les pauvres diables » de M™ᵉ de Staël.

IV

En ce moment, ils se permettent, à l'Ambigu, Balzac et Frédérick Lemaître. Jeudi dernier, ils ont donné la reprise de *Vautrin*, ce bégaiement de géant qui a fini par parler *Mercadet* et la *Marâtre*, et qui fût devenu une voix dramatique colossale, sans la mort. Nos aimables relations avec l'Ambigu ne nous ont pas permis d'assister à la première représentation de cette reprise, mais nous ne vous parlerons pas moins prochainement du grand comédien *vautré* chez M. Faille, et qui aurait droit de jouer partout et d'être grand partout... même chez Polichinelle.

GUTENBERG

—

11 avril 1869.

I

On ne peut pas dire que ce soit un succès. On ne peut pas dire que ce soit absolument une chute... D'héroïques amis ont fini par tuer les sifflets sous le retentissement de leurs mains dévouées. Force est donc demeurée à la loi... des premières représentations : — l'applaudissement. Mais je me moquerais bien du succès et même de la chute, si la pièce était un chef-d'œuvre ! — Malheureusement, elle n'est qu'une œuvre — littéraire, — très soigneusement écrite, — et cela n'a pas suffi aux exigences de ce Public que vous reconnaissez humblement pour votre maître et seigneur quand vous écrivez pour le Théâtre, et qui se soucie bien de la langue et des vers, l'atroce et grossier vampire auquel il eût fallu ce soir une bien autre carcasse de pièce que la vôtre à dévorer !

Le public ! Comment se fait-il que M. Édouard Fournier, qui le connaît bien pourtant, — qui vit avec lui tête à tête une ou deux fois par semaine, puisqu'il est un critique de Théâtre, et même un des plus distingués, — ait pu à ce point s'y méprendre ?... Le sujet de son drame était bon peut-être pour Robinson Crusoé dans son île déserte, s'il y avait été assez oisif pour y faire de la littérature ; mais pour le public tel qu'il est constitué, c'était un sujet plus que dangereux ; c'était un sujet mort d'avance : — trois et quatre fois mort déjà sous des mains puissantes, et capables de faire vivre sur une scène, s'il était possible de les y faire vivre, les peines, les joies et les luttes des Inventeurs. A quinze pas de nous dans le temps, Balzac y a échoué dans son *Salomon de Caux* ; Balzac, l'Inventeur aussi, et qui s'aimait dans les Inventeurs ; Balzac, le plus grand des Inventeurs peut-être, l'Inventeur jusqu'au défaut, — car il inventait tant, qu'il arrivait un moment où il ne voyait plus ni la réalité, ni l'Histoire ! Shakespeare lui-même y aurait échoué, si son génie dramatique, sûr comme un regard de Dieu, ne l'eût préservé, — ne l'avait toujours averti de ne pas toucher à cette créature grandiose, exceptionnelle et solitaire, qui n'est presque plus une créature humaine pour ce public, cette moyenne de l'humanité, composée bien plus — et qui doit l'être — de poitrines que de cerveaux. Les Inventeurs, qui ont, encore mieux que les hommes d'État, leur cœur dans la tête, ne sont point faits pour le Théâtre, en raison de leur supériorité et de leur *spécialité*. Christophe Colomb est un inventeur d'un bien autre calibre que Gutenberg, mais Christophe Colomb n'entre pas plus dans les proportions du Théâtre que tout autre Inventeur, — que Moïse, par exemple, l'Inventeur de la première législation du monde, ou que Roger Bacon, qui faisait parler des têtes de bronze et qui inventait la poudre à canon, mais dont la gloire mystérieuse ressemble à sa cagoule de moine : êtres plus grands qu'il ne faut pour être sympathiques à la foule ! Qu'ils restent dans la rêverie des hommes ou dans leur Histoire, et que le Génie les campe dans ses Épopées, lorsque le temps est aux Épopées, c'est bien ! Ils sont épiques et non dramatiques. Mais qui les touche en vue d'un drame, touche à des rois plus fatals que des reines, et à des haches qui coupent très net la main !

Première explication de l'accueil fait ce soir au drame de M. Fournier, qui pourrait dispenser d'une autre, qui pourrait bien consoler si une faute consolait jamais, et qui me consolerait aussi de la cruelle peine d'être juste envers et contre un homme dont j'aurais désiré le triomphe... Et de fait, quand on a dit, n'importe à qui, que Shakespeare lui-même aurait manqué le coup qu'on a voulu porter, on pourrait jeter n'importe qui par la fenêtre ! Il y a un fier matelas dessous.

II

Mais le *Gutenberg* de M. Édouard Fournier n'a pas que le vice de sa fausse conception dramatique, retrouvé à tous les moments de la pièce, il y en a d'autres encore, qui tiennent à son exécution. Tous ses personnages, qui tournent autour de Gutenberg et se mêlent au drame monotone de sa vie, n'ont — il faut le dire — aucun caractère. Les uns, comme les Juifs, exploiteurs et voleurs, fascinés par l'or vers lequel ils tendent toujours de la même manière leurs mains crochues, sont des redites, et les autres, comme les admirateurs de Gutenberg, ne sont pas même des redites... Ils ne sont pas. Enna, la belle Juive, qui, dans la pensée de l'auteur, devait être le rôle principal et pouvait attirer sur elle l'intérêt humainement passionné du public, Enna, qui aime l'inventeur distrait et qui devrait l'aimer d'autant plus qu'il l'aime moins, selon la loi charmante qui régit nos cœurs, se dévoue vertueusement, mais à froid, tout le temps de la pièce, et je vous assure que cette Juive, qui n'a pas *été dorée avec un rayon de soleil*, jouée par la Mme Périga, n'est pas réchauffée par le jeu de cette actrice de glace, sans cristallisation... Enna ne devrait avoir qu'une passion dans l'âme pour Gutenberg; mais de cette passion étoffée et brûlante que j'aurais voulu y voir, M. Fournier a fait deux petits sentiments honnêtes : — une admiration par trop pure pour Gutenberg, et un goût pour le Christianisme qui finit par la conversion et par le baptême. On ne court pas deux lièvres à la fois, dit le vieux proverbe. Quel intérêt donc voulez-vous qu'on prenne à deux sentiments parallèles, dans un même cœur?... On ne s'y intéresse, à deux sentiments, que quand ils s'y battent, comme le vent et la pluie dans une nuit de tempête, et qu'ils y font un sabbat d'enfer.

Mais quand ils s'en vont, l'un à côté de l'autre, droit et doux dans l'âme comme deux moutons dans une prairie, bientôt on ne les regarde même plus aller ! Ce personnage d'Enna, qui était le miroir réflecteur de Gutenberg, le milieu de cœur par lequel devait passer la figure idéale de l'Archimède de l'Imprimerie pour arriver au cœur de chair de la foule, ce personnage exsangue transit toute la pièce ; car ces deux brins d'amoureux qui font bucoliquette au second plan, la petite Christine et le petit Pierre, le séide vertueux de Gutenberg, ne suffisent pas pour les besoins de passion dramatique d'une salle à laquelle on passe le temps à expliquer, en vers très bien faits, la mécanique de la presse et l'application des caractères de l'imprimerie, avec le technique de la chose. Des vers à la Barthélemy ! Non du Barthélemy de la *Némésis,* mais du *Jeu des Échecs !* Ce rôle si important manqué, tout manque de ce qui est l'âme, la substance spirituelle de la pièce, tout ce après quoi je brâme depuis si longtemps dans les œuvres dramatiques des faiseurs actuels, qui ne sont que des faiseurs. Restent le drame *vu par le dehors,* les matérialités, les entrées et les sorties à point nommé, les vraisemblances et les *amenés* de situation ou leur détirement par les cheveux, ces choses qui font le petit M. Sardou si grand aux yeux charmés de ses idolâtres, et ici je suis bien forcé de dire que tout cela ne donne pas à M. Fournier le colossal de M Sardou, mais je le dirai sans insister, pressé que je suis d'arriver à ce qui vaut le plus dans ce drame de *Gutenberg*, lequel peut-être eût été sauvé par les vers, si nous n'en avions pas eu cinq actes !

Et je vais prendre ma revanche de tout ce que je viens de critiquer, à mon très grand regret, dans la pièce de M. Fournier. Le style en est la partie forte, la PARTIE RACHETANTE. A cela près de deux ou trois niaiseries lyriques, influences de ce Victor Hugo qui a laissé de son haleine sur toutes les vitres, par exemple :

Un cœur sans espérance est un nid sans oiseau!

vers dont on a ri, mais qu'on eût applaudi à tout rompre si on l'avait trouvé dans un drame de M. Hugo, où il aurait pu très bien être, le vers habituel de M. Édouard Fournier est même le vrai vers dramatique, simple, concis, serré, martelé, frappé juste et sonore, disant bien tout ce qu'il veut dire et se brisant facilement au dialogue. Or, quand on songe que cette puissance du vers dramatique appartient à un prosateur élégant, à un critique pénétrant, à un érudit et à un homme d'esprit et d'imagination dans son érudition, qui s'y joue comme le poisson dans l'eau, un poisson à nageoires irrisées et à queue souple, joli à mettre dans un bocal sur l'étagère d'une femme, — car son érudition n'est jamais lourde et pédante, mais substantielle, brillante et légère, — on s'étonne de cette rare faculté du vers dramatique qui a fait, sans nul doute, croire à M. Fournier que qui a le plus a le moins, — que qui a la cime a le soubassement. Toujours précis et condensé, le vers de M. Fournier est parfois magnifique. On peut en dire alors ce que son auteur dit du génie :

Il regarde le ciel, et les ailes lui poussent!

Il les a déployées à plusieurs reprises dans cette pièce de *Gutenberg*, où, quand il n'est pas grand et longuement éclatant, il est toujours d'une propriété d'expression irréprochable et presque étincelante. Seulement, chose étrange pour beaucoup peut-être, mais naturelle pour moi qui connais les instincts de la foule, ce ne sont pas ces vers *qui regardent le ciel et dont les ailes poussent* qu'on a le plus applaudis, mais les vers forgés et façonnés par un marteau sûr, — coupes d'acier, solides et polies, que la généreuse liqueur du drame devait remplir, et dans lesquelles, du moins ce soir, le drame n'était pas. Tête, je le crains, plus faite pour l'analyse que pour la synthèse, M. Fournier l'y mettra-t-il un jour, le drame? Ce n'est pas impossible. Mais, nonobstant, voyez l'influence salubre d'une langue et d'un style! Quand on lit les vers de M. Fournier, on s'attend que la vie descendra un jour dans ces moules de la vie, et si cette attente est trahie, si la vie n'y descend pas plus que ce soir, l'écrivain couvrira l'auteur dramatique et la coupe vide n'en aura pas moins sa beauté.

III

Pour leur compte, non plus, les acteurs n'ont pas mis la vie dans le drame de M. Fournier. Lacressonnière, beaucoup mieux dans son costume Moyen Age que sous l'habit moderne, Lacressonnière, d'une pâleur mate qui a fini par devenir touchante, a combattu vaillamment, et sans se démoraliser, contre l'ingratitude de son rôle, mais n'était vraiment pas de force à la vaincre. Laute a été très expressif de physionomie, — un

Shylock gai! — dans un des Juifs voleurs et détrousseurs de Gutenberg. Mais Mlle Périga!... j'ai dit sa froideur de clef dans le dos, mais ce n'est pas tout. Elle a mâchonné son rôle d'une voix sans timbre et d'une bouche grimaçante qui semblait vouloir se redresser, et, d'horizontale comme toutes les bouches, devenir, ô Dieu! perpendiculaire... Assez belle de corsage au premier acte dans sa robe lilas, aux larges bordures de violet sombre relevées austèrement d'espèces de têtes de clou en acier, elle n'est plus la même dans sa robe noire, et le meilleur d'elle-même s'est comme évaporé. Enfin, Mlle Élisa Thomas, que j'avais vue si charmante, un jour, dans je ne sais quelle pièce moderne, sous le costume moderne, avait, hélas! dans ses longs cheveux tressés qui ne vont pas bien au caractère de sa tête, rentré les rayons d'or de son auréole. Les autres, ridicules de tenue et fagotés comme on ne devrait jamais l'être au Théâtre Impérial de l'Odéon, ont amené, au cinquième acte, un éclaffement de rire si formidable, que la pièce en a été pendant quelques instants interrompue, mais sans que l'auteur en ait été atteint. On ne pouvait pas s'y tromper. La salle, jusqu'à la fin, est demeurée obstinément bienveillante et fidèle à M. Fournier, qui doit garder la tête droite et de bonne humeur comme si de rien n'était, prêt à prendre une revanche contre lui, comme je viens d'en prendre une aussi contre moi-même. Après tout, quand ce ne serait là qu'un drame à la mer, les bons capitaines de vaisseau qui ont sombré retrouvent des navires... Un drame qui n'a pas réussi, qu'importe ! si l'honneur du Lettré est resté sain et sauf.

LA FILLE DES CHIFFONNIERS

—

Dimanche, 18 avril 1869.

I

La réussite de la *Closerie des Genêts* leur aura mis le cœur au ventre... et en joie de Reprises, et c'est pour cela, sans doute, qu'ils nous ont donné, ce soir, à la Gaîté, celle de la *Fille des Chiffonniers*. Écrit pour le peuple, — entendons-nous pourtant, le peuple de Paris! — ce drame à intérêt violent et à situations brutales, amenées *brutalement* avec la force bête de vingt-cinq chevaux, qui, bête ou non, est toujours une force, a retrouvé, ce soir, l'âme populaire prête à lui refaire, trait pour trait et mot pour mot, son premier succès. L'*empoignement* de pareilles choses ne manque jamais. MM. Anicet Bourgeois — un Dennery numéro deux — et Dugué sont des dramaturges de la même famille que ce Frédéric Soulié dont nous parlions l'autre jour. Seulement, ils sont de beaucoup de crans au-dessous. Ils écrivent plus mal et n'inventent pas si bien, mais enfin, comme lui, sinon au même degré que lui, ils ont la passion, qui, à certains moments, troue leur vulgarité et l'enflamme, comme la foudre troue la nuit noire et la hache d'éclairs... Or, la passion devient si rare par le temps qui court, que partout où elle passe, même à travers des circonstances invraisemblables que je pourrais chicaner et des événements impossibles, je suis toujours tenté de lui ôter mon chapeau. La passion, allât-on la chercher au fond de n'importe quel sujet, et l'en arrachât-on, fût-ce à force de cabestans, pour l'en faire sortir, la passion sacre tout à mes yeux.

Elle n'est pas l'Art. Oh! non, elle n'est pas l'Art. Mais l'Art n'est pas sans elle, et quand elle est, l'âme a des surprises et oublie l'Art. Voilà pourquoi MM. Anicet Bourgeois et Dugué, que les cravates blanches des vieux cous de poulet de l'Académie peuvent mépriser, ne sont pas RIEN pour moi dans la *Fille des Chiffonniers*. Faiseurs grossiers, mais non sans puissance, qui finissent par faire jaillir la passion sous leur main maladroite mais acharnée, comme on tire le feu des plus dures pierres, ils me paraissent très supérieurs, par exemple, à l'homme à la statue, — ce Ponsard auquel ils faisaient, l'autre jour, sa gloire de papier, à l'Académie. Lui, le pauvre homme, n'a jamais pu faire rien jaillir ! Ponsard (nom providentiel d'un poncif de cette force), Ponsard, qui, dans *Lucrèce*, a ramassé des bouts d'hémistiches de Chénier et de Corneille comme les polissons ramassent des bouts de cigare fumés sur le bitume des boulevards ; Ponsard, le Corneille des Prudhommes, comme M. Sardou l'est des petits moralistes contre l'Empire ; Ponsard, le sans entrailles, le poète mélodieux de Mme Ratazzi, n'était qu'un bourgeois, et M. Anicet Bourgeois, malgré son nom, qui doit le faire souffrir, est un talent fait pour le populaire. Or, précisément, ce qui fait la différence du bourgeois et du peuple, c'est la passion. Le peuple en a ! Le bourgeois n'en a plus.

Et nous, qui en avons encore, nous avons *joui*, comme le peuple, à ce drame qui n'a pas d'autre raison de nous plaire que le mâle de son accent. Nous n'avons pas à raconter une pièce que tout Paris a vue... mais nous parlerons avec plaisir de la façon dont elle vient d'être interprétée.

Notre article d'aujourd'hui est bien moins un *compte rendu* de pièce qu'une *étude* d'acteurs.

II

Disons-le tout d'abord, ils ont tous très intelligemment et très chaudement joué. Ces acteurs de la Gaîté, avec lesquels les Ponsardins du Théâtre-Français ou de l'Odéon prendraient peut-être des airs, ont mieux joué que ces Ponsardins. Ils ont joué en se moquant de la tradition *momie* qu'ils ne connaissent pas et dont ils se fichent bien ! Ils ont joué comme les soldats se sont battus à Solférino, à Solférino qui n'est plus une bataille d'officiers, mais de simples soldats ! Mlle Duguerret, en robe verte, agrémentée de blanc, qui, sa tête ardemment pensive, appuyée sur sa main, les écoutait aux premières loges dans une pose charmante, avait l'air de regretter de n'être pas avec eux... Alexandre, que je ne connaissais pas, car, avec l'âge d'un vieux soldat, je suis un conscrit dans la Critique de Théâtre; Alexandre, le célèbre créateur du rôle de la mère Moscou, — un type à l'Eugène Sue, — et que, pour cette raison, il faut nommer le premier, a joué avec une largeur et une rondeur de gaieté qui ont fait onduler et vibrer le rire, à chaque instant, dans toute la salle. Mais qu'il me permette de le lui dire, à ce brave acteur, je lui aurais désiré, dans un pareil rôle, plus de profondeur et plus de mordant... L'autre nuit, dans le désert de la rue lointaine que j'habite, j'ai assisté, du haut de ma fenêtre, à un sanhédrin de chiffonnières, tenant leurs assises dans la nuit... Sept mères Moscou ou Matou (toute une heptarchie!), assises par terre comme des Reines désolées dans les Tragiques grecs ou dans Shakespeare, et leurs *cachemires* d'osier à trois pas d'elles, — leurs sept lanternes, par terre aussi et adossées les unes aux autres, au centre du cercle, comme un candélabre du Sabbat, — fumaient le calumet de la paix dans leurs brûlegueules enflammés et délibéraient peut-être sur le sort de quelque jeune fille adoptée par la tribu du Crochet, comme dans le drame de MM. Dugué et Anicet Bourgeois; — je ne sais, car elles marmottaient un argot incompréhensible, mais elles avaient une profondeur d'accent, un inattendu de fantastique, une originalité de silhouette qui eût fait rêver Alexandre, et lui aurait donné, s'il les avait vues, le je *ne sais quoi* qu'il n'a pas.

Vannoy, qui fait Bamboche, n'a rien, lui, à demander à personne. Je ne l'ai vu que trois fois déjà, dans trois rôles différents (et je le verrai dans tous):—dans le rôle du pâtre-mendiant de la *Vierge noire*, où il est poétique comme l'Edie Olchitrie de Walter Scott ou le pauvre du Cumberland de Wordsworth; dans celui du vieux grognard de la *Closerie des Genêts;* et dans le Bamboche de ce soir; et je n'hésite pas à le dire, c'est un des meilleurs acteurs de Paris... Ce soir, particulièrement, il a déployé une vaillance d'acteur incomparable. Il a été enlevant! Il a été gai, il a été tendre, il a été passionné, il a été terrible, il a été peuple, et bon, et juste, et superbe, comme le peuple l'est — quand il l'est! — et comme il le serait peut-être toujours, sans les affreux tribuns qui nous le gâtent. Je ne sais rien de meilleur que cette bonne figure de Vannoy, — cette figure de chien intelligent, courageux et fidèle. Sous la hotte, qu'il porte avec une gaillardise charmante et une adorable dégaine, comme, plus tard, sous l'impayable habit groseille, aux manches trop courtes, qu'il a loué pour aller dans le monde, il est délicieux à faire rire et à faire pleurer, et tellement magnétique que, dans les scènes où il joue avec Mme Raucourt, il lui a donné du talent!

Je l'avais déjà vue, Mme Raucourt, et je peux le lui dire maintenant, je l'avais trouvée mauvaise, prétentieuse, posant sa voix à faux sur la phrase, — presque un vice rédhibitoire pour l'acteur ou l'actrice, — mais ce soir, ç'a été une métamorphose. Non qu'elle soit sans défaut encore, mais enfin l'actrice poind en elle, et peut-être la grande actrice.

On verra plus tard. Très belle debout, plus belle qu'assise par le fait d'un léger défaut dans la longueur de son buste, portant sans plier ce nom de Raucourt difficile à porter, M⁽ᵐᵉ⁾ Raucourt, aux larges lignes du visage, les a vides tout le temps que la passion ne l'anime pas; mais quand la passion l'anime, ces lignes s'emplissent, et il en sort une magnifique physionomie. Le vice de la diction, que je signalais plus haut, a disparu. Ce n'est plus faux; — mais qu'elle prenne garde! c'est encore emphatique dans les choses de la conversation et de la vie ordinaire. Car dans les scènes de la passion et avec un acteur comme Vannoy devant elle, qui lui campe si bien son coup de raquette, elle ne songe plus à faire des coquetteries et des effets de voix, mais devient naturelle et renvoie très énergiquement le volant. M⁽ᵐᵉ⁾ Raucourt jouait la Catalane, la scélérate aux deux maris (encore un type d'Eugène Sue!), et elle a eu le bon goût de ne pas lui donner cet air si facile à prendre et qui est le lieu commun à l'usage des actrices inférieures. Manuel, dont le physique a de l'ampleur et de la virilité et convenait à son personnage, faisait Darthez, le second mari de la Catalane, le capitaine de navire revenu riche de ses courses, et il a montré de l'intelligence, quoiqu'on pût désirer quelque chose de moins sobre et de plus impétueux dans son jeu. Enfin, M¹¹ᵉ Debreuil, dont les yeux brillants ont une pudeur si délicate quand elle les baisse et si en contraste avec ses narines frémissantes, a donné au rôle de la Fille des Chiffonniers la distinction qui les charme tous, en leur chère fille adoptée... Il n'y a pas jusqu'à une soubrette, M¹¹ᵉ Lucy, qui n'ait donné de l'accent à un rôlet de quelques minutes, et qui n'ait, pour son atome, contribué à l'effet général de cette représentation, dont Alexandre, Vannoy et Mᵐᵉ Raucourt ont été l'honneur. Le public, — ce public cher à MM. Anicet Bourgeois et Dugué et pour lequel ils bâtissent et *gâchent si serré* toutes leurs pièces, a beaucoup applaudi, et, l'autre public aussi, dont j'étais. En effet, je l'ai dit déjà, j'ai trouvé de la passion dans cette grosse pièce, et la passion intéresse et remue toujours. J'en ai trouvé dans la pièce, et j'en ai trouvé hors la pièce : — dans la pièce, pathétique, et hors de la pièce, bouffonne. Voulez-vous que je vous dise cela ? Puisqu'un journal a déjà tinté un mot de la chose, — qui m'est personnelle, — vous me permettrez bien, en finissant ce feuilleton de Théâtre, de vous raconter cet épisode de ma soirée dramatique ... Il aura sa moralité.

III

Mlle Duverger, que tout le monde connaît à Paris, et qui a joué, je crois, comme elle peut jouer, le rôle que tenait ce soir Mme Raucourt, était venue sans doute étudier, si elle est capable de le comprendre, comment on est une belle personne, très superbe en scène, autrement qu'avec des diamants, et comme on n'est pas une cabotine, mais une actrice. Le jeu, très applaudi, de Mme Raucourt, donnait sans doute beaucoup d'humeur à Mlle Duverger, mais moi, qui ai dit quelque part (je le reconnais humblement) qu'elle ne serait *jamais* une comédienne et qu'elle *n'est plus* une jolie femme, je lui en donnais bien davantage. Elle s'était déjà crispée en m'apercevant assez près d'elle, à l'orchestre, mais lorsque ma lorgnette, qui, comme toutes les lorgnettes, faisait en mes mains le tour de la salle, se fut arrêtée un moment sur l'avant-scène où trônait cette douce et aimable personne, la voilà qui tout à coup se tord et m'apostrophe par mon nom, qu'elle dit en toutes lettres, ma foi! me menaçant, si je la regardais encore, de me *jeter son éventail à la tête*. Quelle modération ! Elle aurait pu me faire pis, en s'y jetant. Cela, du reste, n'a pas été dit très haut, mais, dans le coin d'orchestre où nous étions, nous avons tous très bien entendu cette menace d'éventail, accompagnée de quelques autres arabesques et pantomimades expressives, et le rire nous a pris tous, et moi le premier, aux éclats de cette burlesque colère. J'étais étonné de l'aplomb de la demoiselle, à laquelle je croyais bien d'autres aplombs, mais pas celui-là. Mais étant, comme je fais profession de l'être, l'ennemi des fausses héroïnes, des amazones, des bas-bleus, des conférencières, et de toutes les *homasseries* auxquelles les femmes maintenant prétendent, je n'étais pas fâché d'avoir contre toutes ces *homasseries* un petit argument de plus. Elle me le donnait. Seulement, trouvant de mauvais ton toute scène publique (car, en particulier, je ne les hais pas), je ne dis point avec une femme, mais avec un porte-jupe quelconque, et ne voulant régaler la galerie d'aucun dialogue, je fis comme Beaumarchais, baissant les yeux devant Mme Goëzman. Je me fis doux. Je ne fus point obstiné. Je ne fus pas taquin. Je *fus bien gentil,* comme disent les femmes, et je détournai ma lorgnette de ma Méduse aux yeux enflés et bien malades, hélas ! et qui me foudroyaient du fond de leur hydropisie. Cela me préservat-il ?... Toujours est-il que l'éventail annoncé, et que j'aurais renvoyé par l'ouvreuse, ne m'arriva point. Mlle Duverger le garda, — et fit mieux que d'en cacher la petite honte de sa conduite; car elle s'en alla silencieusement bien avant la fin du spectacle, emmenée probablement par le vénérable personnage qui la mène partout, et qui prouva du moins qu'il était homme du monde en ne se mêlant point de cette ridicule incartade pour laquelle il l'aura peut-être grondée en rentrant... Nous à qui elle n'a pas fait perdre notre bonne humeur, et dont, au contraire, elle a augmenté la gaieté, nous demandons qu'après tout on ne soit pas trop dur pour elle. L'impuissance de la colère d'un enfant en fait souvent toute la grâce, mais la colère est en soi un mouvement si bête qu'on peut la pardonner, quand même il n'y a là ni grâce, ni enfant!

Et d'ailleurs, franchement, si peu fat qu'on soit, ce n'est nullement désagréable de donner à une femme des sensations si vives... Malheureusement, nous n'aurons jamais à donner à Mlle Duverger que celles-là.

LUCRÈCE
LA COUR DU ROI PÉTAUD

30 avril 1869.

I

Ma parole d'honneur! il faut, en fait de Reprises, ne savoir plus où donner de la tête, pour avoir pensé à reprendre *Lucrèce! Lucrèce*, cette tragédie réactionnaire, quand, en matière de tragédies, il n'y a plus ni action, ni réaction! *Lucrèce*, cette vieille chanson, bête comme une chanson de fête, quand la fête est passée! *Lucrèce* sans Rachel, — sans Rachel, qui, comme Talma, faisait passer tout, et qui aurait joué la *Callirohé* de La Fosse avec le même succès que la *Lucrèce* de Ponsard!

Ponsard, en effet, est un La Fosse d'après 1830.

Mais on n'a pas impunément vécu après cette date glorieuse de notre époque littéraire. Si atrocement bourgeois qu'on soit né, si plat qu'on puisse être d'expression spontanée et naturelle, de cela seul qu'on est venu après 1830 on a quelque chose en soi ou sur soi que n'avaient pas les traînards de tragédie de la fin du xviiie siècle et de l'Empire, ni les Campistron, ni les Arnaud, ni les Jouy, ni les Luce de Lancival, ni les Carion de Nisas. Je ne dirai point : ni les Ducis; car Ducis est autrement fort que Ponsard! Ponsard est le dernier de cette portée tragique mise bas par Voltaire, qui croyait présomptueusement, le fat! avoir été créé et mis au monde directement par Corneille et Racine. Mais justement parce qu'il est le dernier, Ponsard est au-dessus des autres. Il a bénéficié d'être venu au moment où la transfiguration littéraire que 1830 opéra était accomplie. Casimir Delavigne, très supérieur à Ponsard, avait déjà, bien avant lui, porté et senti sur son talent, sans grande vigueur pourtant, la flamme de cet astre du Romantisme qui se levait et qui n'était encore qu'à ses premiers feux... Ponsard arriva, lui, quand tout était pénétré de lumière, de chaleur et d'influences fécondes, et il en fut atteint jusque dans sa médiocrité. Il n'était, certes! pas capable de se tremper largement et hardiment dans cette couleur, diffuse alors, et qui ruisselait, comme d'une coupe renversée, dans toutes les œuvres de ce temps; mais, si exsangue qu'il fût, il s'en teignit néanmoins. Il y a dans cette *Lucrèce* que je viens de voir, un coloris d'Antiquité, des détails domestiques, des familiarités de mœurs, qu'il n'y aurait assurément pas mis s'il n'eût pas lu André Chénier. De génie (si on peut dire ce mot en parlant de Ponsard), de génie, classique, traditionnel et routinier, Ponsard ne pouvait être jamais qu'un romantique sobre, un juste milieu littéraire, — mais un juste milieu quand on avait été excessif, mais un sobre après les enivrés, les bacchants, les orgiaques, tout cela devait lui faire et lui fit (ce que les sots ont parfois et ce qui manque souvent au génie) l'espèce de fortune qu'on appelle, faute d'y rien comprendre, une Étoile !

Seulement, aujourd'hui, l'Étoile n'est plus. Elle a disparu comme un œil qu'on crève... Ce soir, ce malheureux Odéon, qui n'allume guère que les lampions de ses corniches et qui n'a pas une pièce du plus mince éclat à nous exhiber, a essayé de rallumer l'Étoile de *Lucrèce*. Ce n'a été qu'un lumignon !

II

Le public semblait l'avoir prévu, du reste. Le public a parfois des instincts très sûrs. La plupart des places, ce soir, étaient vides. On avait pressenti l'ennui du déballage solennel de ce vieux inventaire romain, et il n'y avait dans la salle que des amis d'acteurs ou d'actrices venus avec des billets donnés, ou de pauvres fonctionnants comme moi qui étaient obligés d'être là par métier et d'avaler cette longue couleuvre... empaillée ! La chose a été dure, je vous en réponds ! et la représentation de cette morte pièce eût été abominablement morne, sans la tirade insolente de Sextus contre le Sénat romain et qui a été applaudie avec une politesse bien grande pour le Sénat voisin, ainsi que les vers sur la liberté, la destruction des tyrans et autres rocambolades républicaines, lesquelles sont toujours d'emploi dans le Théâtre des Écoles et toujours du même effet sur ces enfants. Détonation d'applaudissements qui a embarrassé les acteurs eux-mêmes ; car ne s'est-on pas avisé de leur crier *bis !* comme s'ils chantaient des couplets de vaudeville ou d'opéra ?... C'est la première fois, par exemple, que j'ai entendu bisser des tirades de vers alexandrins !! Otez ceci, qui, pour les uns (le plus grand nombre), a passionné la soirée, et pour quelques autres l'a égayée, et cette représentation de *Lucrèce*, inexplicable si elle n'est pas une oraison funèbre en action du pauvre Ponsard, pour faire pendant à son oraison funèbre, en paroles, à l'Académie, ne mérite même pas d'être racontée.

Les acteurs ont fait ce qu'ils ont pu, quand on ne peut rien. Cette vignette d'Agar nous a composé une Lucrèce mélancolique, sans le calme fier et la pureté farouche que l'imagination a le droit de supposer dans la grande Violée de Tarquin. C'est une Lucrèce trop en quenouille que cette Lucrèce, dont la quenouille, à la scène, dans le temps, fit tout le succès. Mlle Périga remplissait le rôle de Tullie, et à elles deux, Périga et Agar, elles n'avaient pas l'étoffe *d'une* voix. Aussi, quand les vers cotonneux de Ponsard passent par ces palais de coton, je vous demande ce qu'ils deviennent ! Deshaies, qui, lui, a de la glotte; Deshaies, au cou de taureau romain, jouait Sextus, mais il l'a joué *grossement* et presque grossièrement, avec des moqueries de boucher plus que de prince contre le pauvre Brute, pendant toute la scène où Ponsard — le classique romantisé — s'est trouvé probablement bien hardi d'oser mettre le rire en une tragédie genre Corneille! C'est

Taillade qui, sans être très bon, a été encore le meilleur de la troupe. Il faisait Brute ; mais il a plutôt le masque du second Brutus, du maigre qui poignarda César, que du premier, qui était un enfant de la Rome primitive et robuste, l'Antée de la Terre, sa mère, qu'il baisa... Les autres acteurs, plus qu'insuffisants, ont été ridicules dans les scènes ridicules de la pièce (car il y en a), principalement dans celle où l'une des femmes de Lucrèce ne chante pas, mais *dit* des vers en s'accompagnant de la lyre, et dans cette autre où la Sibylle de Cumes, arrivant de Cumes en quatre bateaux, vient brûler ses petits papiers sous le nez de Sextus, qui ne veut pas, l'incurieux et sordide jeune homme, aussi Sardanapale qu'Harpagon, les lui acheter *trois cents pièces d'or*. Rien, selon moi, d'ailleurs, de moins justifié, de plus inutile, de plus prétentieusement mesquin que cette invention de la Sibylle de Cumes, qui n'a jamais été de la grande poésie et de l'Antiquité puissamment évoquée que dans la caboche de Ponsard !

III

C'est Samedi dernier (déjà loin !) qu'on donnait, aux Variétés, la *Cour du roi Pétaud*... Je le note pour mémoire, mais à cette distance que voulez-vous que je vous dise de cette chose sans esprit, sans gaieté, sans lumière, qui, avec d'excellents acteurs dans leur genre, a laissé froid et ennuyé le public le plus facile à vivre, le plus facile à amuser, — cet admirable public des *Variétés,* qui rit d'avance, en prenant seulement ses billets ? Paroles et musique, tout est là dedans imbécile. Quand on entend la musique de M. Delibes, renvoyée à l'Opéra-Comique par tous les moqueurs du feuilleton, on se réconcilie avec la musique d'Offenbach et on trouve ce fantoche musical presque un grand homme! *Cour du roi Pétaud*, pétaudière, ce sont les auteurs de cette *pétauderie* qui devraient s'appeler les auteurs Pétaud.

TABLE

	Pages
La Poissarde.	1
Les Loups et les Agneaux.	15
Les Bohémiens de Paris. — Le comte d'Essex. — Le Château à Toto.	25
La Loterie du Mariage.	41
Le Pont des Soupirs. — Le Chemin retrouvé.	49
Ma Reprise, à moi ! — Le Misanthrope.	65
Agamemnon. — L'Abîme.	79
Les Préfaces d'Alexandre Dumas. — La Czarine.	91
La Bohème d'argent.	101
Le Mur de la Vie privée. — Les Maris sont Esclaves. — Les Souliers de Bal. — Les Amendes de Timothée.	109
Les Deux Prisonniers de Théodoros. — Les Forfaits de Pipermans. — Le Chatouilleur du Puy-de-Dôme. — La Question du Théâtre.	117
La Prise de Pékin.	127
Les Rabâcheries accoutumées.	135

	Pages
Les Pirates de la Savane. — Les Chambres de Bonnes.	141
Fanny Lear.	149
Jeanne de Ligneris.	157
Mademoiselle Karoly (Théâtre-Français).	167
Débuts de Mlle Karoly (Théâtre-Français).	173
Les Faux Ménages.	183
Les Droits du Cœur. — La Roulette. — Le Mot de la Fin, revue.	
Le Comité du Théâtre-Français : M. Alexandre Dumas père.	205
Frédérick Lemaître dans César de Bazan. — Le Courrier de Lyon. — Question du Comité du Théâtre-Français. — Décret de Moscou retouché	217
Une Vendetta parisienne. — Le Sacrifice. — Une Nuit au Champagne. — Mademoiselle la Marquise.	231
Les Riens de la Semaine : Une Fausse Joie. — L'Astronome du Pont-Neuf	241
Lettre à Monsieur Claretie.	245
La Vierge Noire. — Barbe-Bleue. — Les Blancs et les Bleus.	253
Patrie.	263
La Diva.	277
La Closerie des Genêts.	283
Gutenberg.	291
La Fille des Chiffonniers	303
Lucrèce. — La Cour du roi Pétaud	315

Paris. — Maison Quantin, 7, rue Saint-Benoît.

MAISON QUANTIN

COMPAGNIE GÉNÉRALE D'IMPRESSION ET D'ÉDITION

7, rue Saint-Benoit, Paris.

OUVRAGES

DE

J. BARBEY D'AUREVILLY

XIXᵉ SIÈCLE

LES ŒUVRES ET LES HOMMES

PREMIÈRE SÉRIE

LES JUGES JUGÉS.
LES SENSATIONS D'ART.
LES SENSATIONS D'HISTOIRE.

DEUXIÈME SÉRIE

LES PHILOSOPHES ET LES ÉCRIVAINS RELIGIEUX.
LES HISTORIENS.

Chaque volume in-8° carré, broché. . . . 7 fr. 50

LE

THÉATRE CONTEMPORAIN

TOME I

Le volume in-18, broché. . . . . . . 3 fr. 50

Paris. — Maison Quantin, 7, rue Saint-Benoit.

www.ingramcontent.com/pod-product-compliance
Lightning Source LLC
Chambersburg PA
CBHW072010150426
43194CB00008B/1065